技术经济学方法与应用

谭萍 雷晶 王琦 主编

哈尔滨工业大学出版社

内 容 简 介

本书共分为两篇。第1篇为理论与方法,包括第1章至第3章。第1章介绍了技术经济学的含义、我国技术经济学的产生与发展、学习技术经济学的意义;第2章和第3章介绍了技术经济分析要素与构成、资金的时间价值与等值计算。第2篇为经济效果评价,包括第4章至第6章。第4章介绍了经济效果评价指标与方法;第5章介绍了盈亏平衡分析、敏感性分析和概率分析等不确定性分析方法;第6章包括投资项目的可行性研究概述和流程等内容。

本书既适用于高等院校经济、管理类专业的学生,也适用于工程类专业的学生,同时也可供相应职业认证资格考试人员参考,如资产评估师、建造工程师、工程造价师等。

图书在版编目(CIP)数据

技术经济学方法与应用/谭萍,雷晶,王琦主编.—哈尔滨:哈尔滨工业大学出版社,2022.7(2024.8重印)

ISBN 978-7-5767-0243-9

Ⅰ.①技… Ⅱ.①谭…②雷…③王… Ⅲ.①技术经济学 Ⅳ.①F062.4

中国版本图书馆 CIP 数据核字(2022)第 144109 号

策划编辑　杨秀华
责任编辑　苗金英
封面设计　刘　乐
出版发行　哈尔滨工业大学出版社
社　　址　哈尔滨市南岗区复华四道街10号　邮编150006
传　　真　0451-86414749
网　　址　http://hitpress.hit.edu.cn
印　　刷　哈尔滨市工大节能印刷厂
开　　本　787mm×1092mm　1/16　印张 10.25　字数 246 千字
版　　次　2022年7月第1版　2024年8月第2次印刷
书　　号　ISBN 978-7-5767-0243-9
定　　价　36.00元

(如因印装质量问题影响阅读,我社负责调换)

前　　言

技术经济学是为适应市场经济的需要而产生的一门技术科学与经济科学相互渗透的交叉学科，是专门研究技术方案经济效益和经济效率问题的科学。

本书是以国家发展改革委与建设部发布的《建设项目经济评价方法与参数》（第三版）为参考依据，根据编者多年从事技术经济学的教学经验编写的。全书以工程项目的技术经济评价为主线，主要包括技术经济学概述、技术经济分析要素与构成、资金的时间价值与等值计算、经济效果评价指标与方法、技术经济的不确定性分析、投资项目的可行性研究等内容。

本书以国家对应用型本科院校的人才培养目标与定位为宗旨，突出内容的实用性，以通俗易懂的案例将理论与方法系统地结合起来，使读者更容易理解和掌握。

全书共包括两篇：第1篇为理论与方法。通过日常生活中常见的案例引入主题，使读者能更好地掌握技术经济分析的理论，为学习下一篇经济效果评价做准备。第2篇为经济效果评价。为了让读者更迅速地了解并掌握经济效果评价指标与方法，以案例"小张投资记"贯穿整个第4章，通过对投资者小张的一系列投资活动进行分析，展现经济效果评价中的评价指标与评价方法。最后，以可行性研究报告的形式将工程项目整个经济评价过程呈现出来。

本书各章附有思维导图和习题，可以使读者更轻松地掌握技术经济学的基本理论、基本方法和基本技能及其在项目前期决策中的应用，对项目资金筹措、项目经济效果评价指标和方法、不确定性分析、项目可行性研究等内容有一个系统的把握，以达到对项目进行公正、客观、合理评价的目的。

本书由南京邮电大学通达学院谭萍、南京邮电大学雷晶、黑龙江工程学院王琦担任主编。各章节的编写分工如下：第1章、第3章和第4章由谭萍编写，第2章和第5章由雷晶编写，第6章和附录及参考文献由王琦编写。

由于编者学识与编写水平有限，书中的疏漏之处在所难免，敬请读者批评指正。

编　者
2022年6月

目 录

第1篇 理论与方法

第1章 技术经济学概述 ········· 1
1.1 技术经济学的含义 ········· 1
1.2 我国技术经济学的产生与发展 ········· 3
1.3 学习技术经济学的意义 ········· 4
本章小结 ········· 5
本章思维导图 ········· 5
本章习题 ········· 6

第2章 技术经济分析要素与构成 ········· 7
2.1 现金流量 ········· 7
2.2 投资 ········· 10
2.3 成本 ········· 15
2.4 销售收入 ········· 19
2.5 利润 ········· 19
2.6 税金 ········· 19
本章小结 ········· 20
本章思维导图 ········· 21
本章习题 ········· 21

第3章 资金的时间价值与等值计算 ········· 23
3.1 资金的时间价值 ········· 23
3.2 单利和复利 ········· 25
3.3 名义利率和实际利率 ········· 28
3.4 资金的等值计算 ········· 31
3.5 等值计算的应用 ········· 37
3.6 还款方式的选择 ········· 43
3.7 收益率的计算及插值法的使用 ········· 45
本章小结 ········· 47

本章思维导图 ……………………………………………………………… 47
　　本章习题 …………………………………………………………………… 48

第 2 篇　经济效果评价

第 4 章　经济效果评价指标与方法 ………………………………………… 50
　　4.1　经济效果评价指标 …………………………………………………… 50
　　4.2　经济效果评价方法 …………………………………………………… 66
　　4.3　案例应用 ……………………………………………………………… 77
　　本章小结 …………………………………………………………………… 80
　　本章思维导图 ……………………………………………………………… 81
　　本章习题 …………………………………………………………………… 81

第 5 章　技术经济的不确定性分析 ………………………………………… 85
　　5.1　进行不确定性分析的必要性 ………………………………………… 85
　　5.2　盈亏平衡分析 ………………………………………………………… 86
　　5.3　敏感性分析 …………………………………………………………… 91
　　5.4　概率分析与决策树 …………………………………………………… 95
　　5.5　案例应用 ……………………………………………………………… 99
　　本章小结 …………………………………………………………………… 106
　　本章思维导图 ……………………………………………………………… 107
　　本章习题 …………………………………………………………………… 107

第 6 章　投资项目的可行性研究 …………………………………………… 109
　　6.1　投资项目的可行性研究概述 ………………………………………… 109
　　6.2　技术经济的财务评价 ………………………………………………… 112
　　6.3　技术经济的国民经济评价 …………………………………………… 117
　　本章小结 …………………………………………………………………… 129
　　本章思维导图 ……………………………………………………………… 130
　　本章习题 …………………………………………………………………… 130

附录　复利系数表 …………………………………………………………… 132

参考文献 ……………………………………………………………………… 156

第1篇　理论与方法

第1章　技术经济学概述

技术经济学是应用经济学的一个分支,是当代技术发展与社会经济发展密切结合的产物。本章系统地论述了技术经济学的含义、我国技术经济学的产生与发展,以及学习技术经济学的意义。

1.1　技术经济学的含义

1. 技术经济学的概念

技术经济学是研究技术与经济相互关系的科学,通过对各种实践活动的技术分析、经济比较和效益评价,寻求技术与经济的最佳结合,从多方案比较中选择出技术先进、经济合理的最优方案。

由此我们可以看出,任何技术方案在选定之前,都应该进行技术经济分析和评价,以便从中选出最为理想的方案,研究时应遵循科学的程序,如图1.1所示。

(1)确定分析目标。

依照分析对象的不同,确定分析目标。目标可以分成国家目标、地区或部门目标、项目或企业目标,目标内容可以是企业价值、项目规模、设备选择或者技术改造等。如投资建设一个工厂、投资购置一台设备、投资一个技术改造项目等。

(2)收集资料。

根据确定的目标,进行调查研究,收集有关技术、经济、财务、市场、政策法规等资料。如拟建项目生产规模及厂址选择、生产技术条件、财务基础数据、项目环境影响和社会效益等相关资料的收集。

(3)设计各种可能的方案并进行分析。

根据目标集思广益,尽可能收集各种可能的方案,从中筛选出所有可能的方案。从国家目标出发,兼顾企业目标,运用技术经济学的理论和方法,拟定技术经济分析指标,分析各方案的利弊得失以及影响技术经济效果的内外因素。

(4)方案综合分析评价。

遵循定性分析与定量分析相结合的原则,在定性分析以外,还需根据设立的技术经济指标,建立有关各参数变量之间的函数关系或数学模型,进行定量指标的计算,然后采用

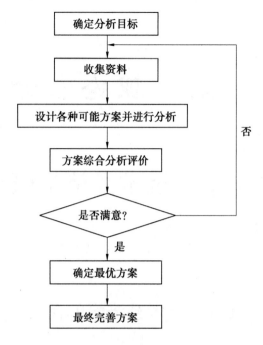

图1.1 技术经济分析程序

定性与定量相结合的方式对方案进行综合评价。综合评价的正确与否,关键取决于定性分析的正确与否以及所引入的数据是否准确可靠。

(5)确定最优方案。

根据综合评价的结果,优选出技术上先进、经济上合理的最佳方案。若方案满意,则选中最优方案;若不够满意,则重新收集资料,检查方案以及评价指标的合理性,再进行分析评价,直到满意为止。

(6)最终完善方案。

最后,根据综合评价的结果,优选出技术上先进、经济上合理的最佳方案,并对方案加以完善。

2. 技术经济学的研究内容

技术经济学是应用于推动社会发展的学科,内容更多的是建设项目评价,其中不仅包括财务评价,还包括国民经济评价、社会评价、环境影响评价,即评价项目对国家、社会、和环境的影响程度。除了项目评价以外,技术经济学还包括其他应用,如价值工程、设备更新、资产评估等。

3. 技术经济学的学科特点

(1)实用性。

技术经济学研究与国民经济直接相关的技术与经济问题,各种理论与方法在日常生活中都可以用到,其目标在于解决实际问题。

(2)交叉性。

技术经济学融合数学、概率论、统计、运筹学的理论基础,还涉及经济学、市场营销学、财务管理、会计等学科知识。

(3) 系统性。

技术经济学运用系统的理论、思想、方法,考虑技术、经济、社会、环境等各种因素。在对技术方案进行技术效果评价时,必须将影响经济效果的各项因素纳入一个统一的系统进行综合考虑,以便做出正确的决策。

(4) 预测性。

一般来说,论证一个项目是否可行,实际上都是预测性的。即经济效果评价都是在投资前期对未来项目进行预测的,因此所提供的结果不是实际值,只能是近似值,这也就要求在处理资料数据时,要采用科学的方法,尽量使误差最小。

1.2 我国技术经济学的产生与发展

技术经济学这个名称是我国所特有的,在国外一般被称为工程经济学,最初源于1887年亚瑟姆·惠灵顿的著作《铁路布局的经济理论》,其中对工程经济下了第一个简明的定义:一门少花钱多办事的艺术。他首次将成本分析方法应用于铁路的最佳长度或路线的曲率选择中,自此开创了工程领域中的经济评价工作。1930年格兰特在《工程经济原理》中提出了以复利计算为基础来讨论投资决策的理论和方法,并逐渐被社会所认可,因此格兰特也被称为"工程经济学之父"。

1. 我国技术经济学的产生

我国技术经济学的产生是在20世纪60年代,当时我国处于国民经济的调整时期,深感技术的发展必须考虑经济规律,技术与经济必须结合。为了使二者很好地结合,必须有专门研究技术和经济相结合的科学,即研究技术的经济效果的科学,这门科学在1962年制定我国《1963—1972年科学技术发展规划纲要》时被取名为"技术经济"(根据中国工程院院士徐寿波教授在当时的调查,国外还没有这样称呼的学科),这是我国技术经济学产生的历史背景。因此,从苏联引进建设项目技术经济分析方法,为了项目的论证建立起技术经济学这门学科。自此,技术经济学在我国主要经过了开创发展和全面发展时期。

2. 我国技术经济学的开创发展

在开创发展时期,具有中国特色的技术经济学理论及方法体系开始形成,而且有着自己的特点:以马克思主义和毛泽东思想的经济理论为指导;以社会主义基本经济规律为依据;以定性分析和定量分析相结合的方法为手段;以结合中国社会主义现代化建设的具体实际为基础;以认识和正确处理技术同经济之间的实际矛盾关系为目的。

3. 我国技术经济学的全面发展

党的十一届三中全会以后,我国技术经济学进入了全面发展时期。很多省市和部门相继成立了技术经济研究所和技术经济研究机构;许多大学也开设了技术经济专业和相关课程。技术经济学科得到进一步发展,研究的范围也得到了扩展,包括项目和技术活动中的经济分析、科技发展中的经济及政策问题、经济发展中的科技及政策问题。20世纪80年代也是技术经济学发展比较活跃的时期。到了90年代,技术经济学的发展更加实用化,不仅包括项目的论证问题,还包括价值工程、设备更新与技术改造评价的方法、项目的财务评价与国民经济评价、技术进步对经济增长的贡献等一系列重要的研究问题。20世纪末,进一步拓展到科技管理问题、工程技术管理问题、基于我国国情的技术创新理论,以及当时正在兴起的高新技术产业化及其产业发展等。

随着管理科学的发展,运筹学、概率论与数理统计、价值评估与决策技术以及计算机的应用,使原来的对比分析方法发展到随机过程、数学规划、最优化分析等方法,使分析评价技术经济效果及选择最佳技术方案的方法有了质的飞跃。过去无法用数学计量的经济因素开始用数学方法计量,一些变化的经济因素、变量可借助于数学模型加以计量,过去用统计、对比、计算选择方案的方法已被大量连续变量计算最优化的方法所替代。在这一时期,技术经济学得到了一个质的飞跃。技术经济学的理论和方法体系得到了不断改进和完善,研究工作向更深入和更广阔的方向发展,进入了全面发展的阶段。

1.3　学习技术经济学的意义

技术经济学是从经济的角度来研究技术方案的应用效果,研究技术与经济的辩证统一关系。学科内容包括资金时间价值、可行性研究、多方案比选、经济效果评价等。

通过本课程的学习,可以使我们掌握技术经济学的基本理论、基本方法和基本技能及其在项目前期决策中的应用,对项目资金筹措、项目经济效果评价指标和方法、不确定性分析、项目可行性研究等内容有一个系统把握,以达到对项目进行公正、客观、合理评价的目的;能够让我们提升经济意识,培养科学决策的思维;掌握可行性分析思路,能够拟订多种替代方案并从中选择最优方案;还能够学会科学预测,掌握经济评价的基本方法,对今后的工作和生活有着重要的作用。主要体现在以下几个方面。

1. 能够正确了解国家的经济、技术发展战略和有关政策

各项具体工作在确定决策目标时都要以国家的发展战略和有关政策为依据,以国家发展改革委与建设部拟订的建设项目经济评价方法与参数为参考依据,没有明确的目标,拟订方案就是盲目的,分析评价就没有正确的标准,也就谈不上决策的科学化。

2. 能够掌握可行性分析思路,拟订多种替代方案并从中选择最优方案

在决策时,拟订多种符合质量要求的备选方案,根据可行性分析思路进行对比选择,才能保证投资决策的科学性。

在当代技术经济条件下,要解决一个问题,可以根据不同的经验,从不同的角度构思出多种途径和方法,通过多方案分析比较、估计各方案的执行结果,最后通过综合比较从多方案中选出最好的方案。

3. 能够掌握经济评价的基本方法,学会科学预测

技术经济评价是在项目的投资前期所做的一项工作。所以论证一个项目是否可行,实际上所依据的评价条件都是预测性的。即经济效果评价都是在投资前期对未来项目进行预测的,若凭某种感觉或者直觉来进行决策,难免会导致很多错误。因此掌握经济评价的基本方法,对项目的未来发展情况做出科学的预测是非常重要的。

本章小结

技术经济学是为适应市场经济的需要而产生的一门技术科学与经济科学相互渗透的科学,是专门研究技术方案经济效益和经济效率问题的科学。

技术经济学这个名称是我国所特有的,在国外一般被称为工程经济学,最初源于1887年亚瑟姆·惠灵顿的著作《铁路布局的经济理论》,其中对工程经济下了第一个简明的定义:一门少花钱多办事的艺术。而后1930年格兰特在他的《工程经济原理》中提出了以复利计算为基础来讨论投资决策的理论和方法,并逐渐被社会所认可,因此格兰特也被称为"工程经济学之父"。

我国技术经济学的产生是在20世纪60年代,当时我国处于国民经济的调整时期,深感技术的发展必须考虑经济规律,技术与经济必须结合。为此,有必要建立一门专门研究技术与经济相结合的学科。所以,从苏联引进建设项目技术经济分析方法,为了项目的论证建立起技术经济学这门学科。自此,技术经济学在我国主要经过了开创发展和全面发展时期。

技术经济学具有实用性、交叉性、系统性、预测性等特点。学习技术经济学既是实现投资决策科学化的重要手段,也是联结技术与经济的桥梁和纽带,还是培养优秀工程师和管理者的有效途径。

本章思维导图

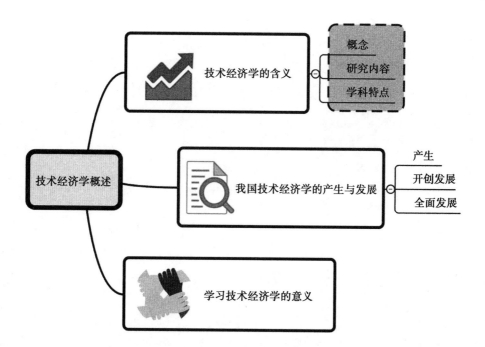

本章习题

1. 简述技术经济学的含义及特点。
2. 分析技术经济学的研究内容和程序。
3. 简述技术经济学的发展过程。
4. 论述技术经济学的中国特色。

第 2 章 技术经济分析要素与构成

本章内容主要围绕技术经济分析中所需的要素及其构成展开。项目的建设需要投入一定量的资金,花费一定量的成本,通过产品销售获取一定量的收入,在技术经济分析中把这些货币形态的资金称为现金流量。本章首先介绍现金流量的概念以及现金流量图的绘制,然后分析构成现金流量的基本要素。对于一个项目来说,投资、成本、销售收入、利润和税金等货币形式体现的资金数量是构成经济系统现金流量的基本要素,是进行项目财务评价和国民经济评价的基础数据,本章分别对投资、成本、销售收入、利润和税金这些要素及其构成进行详细分析,使读者能够在具体的经济效果评价中熟练地使用这些基本要素进行项目分析和评价。

2.1 现金流量

1. 现金流量的概念和作用

在项目的建设过程中,其投入的资金、花费的成本、得到的收益,都可以看成是以货币形式体现的现金流出或现金流入,因此我们可以把各个时点上实际发生的现金流入或现金流出称为现金流量(CF),流出系统的资金称为现金流出(CO),流入系统的资金称为现金流入(CI),现金流入与现金流出的差额称为净现金流量(NCF)。可以用如下符号来表示。

t 时点的现金流入——CI_t

t 时点的现金流出——CO_t

t 时点的净现金流量——$NCF_t = (CI - CO)_t$

现金流入和现金流出的界定要针对特定的研究对象,比如:企业向银行贷款 100 万元,一年后还本付息 110 万元,那么对于企业来说,100 万元是现金流入,110 万元是现金流出。而对于银行来说,则 100 万元是现金流出,而 110 万元是现金流入。

项目经济评价的目的就是要考察特定经济系统的净现金流量的大小,从而计算出项目各方案的经济效果,选择最佳方案。

项目经济评价的主要对象是项目的现金流量,通过对项目方案现金流入和现金流出大小的对比计算,求出方案的净现金流量,从而计算出项目各方案的评价指标,由此判断项目或方案的优劣。因此,现金流量中基础数据的测算非常重要,基础数据测算的准确与否,对项目经济效益的评价结论和最终的投资决策有着决定性的作用,是项目投资决策科学化的基础,是项目经济评价成功与否的关键。

2. 现金流量图的绘制

在实际的技术经济分析中,一个项目的实施,往往要延续一段时间,在项目寿命期内,各种现金流入和现金流出的数额和发生的时间都不尽相同,为便于分析,通常采用图的形式表示特定系统中一定时间内发生的现金流量,如图2.1所示。

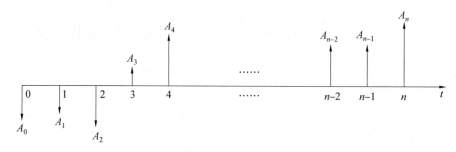

图 2.1 现金流量图(1)

现金流量图的绘制主要分为以下四个步骤。

首先,画出时间轴,时间轴上分成若干间隔,每一间隔代表一个时间单位,可以是年、季或月等,最常见的时间单位是年。

其次,确定现金流量的方向,与横轴相连的垂直线,代表系统的现金流量。箭头向上表示现金流入,箭头向下表示现金流出。

再次,标出现金流量数额的大小,箭线的长度代表现金流量的大小,一般要注明每一笔现金流量的金额。这里要注意:箭线的长短要反映出流量的大小,但不需要成比例大小。比如图2.1中,现金流入A_4为100元,现金流入A_3为10元,只要流量A_4的箭线长度是长于流量A_3的箭线长度就可以了,直观上能够看出来大小,不需要将前者画成后者的10倍长。

最后,明确现金流量发生的时点。在时间轴上的点称为时点,通常表示该期的期末,同时也是下一期的期初。比如时间轴上的3时点,表示第3期期末,同时也表示第4期期初。图2.1中,A_3发生在第3期期末,同时也可以表示发生在第4期期初。

总结起来就是,在画好时间轴后,我们要把握好现金流量的三要素,即现金流量的大小、方向和作用点。

由图2.2所示现金流量图,我们可以得出以下结论。

A_1为现金流出;

A_2发生在第3年年初;

A_3发生在第3年年末;

A_4的现金流量小于A_3的现金流量。

项目经济评价的目的就是要考察特定经济系统的净现金流量的大小,从而计算出项目各方案的经济效果,选择最佳方案。

技术经济分析中常见的现金流出有投资、成本、税金。常见的现金流入有销售收入、回收固定资产净残值、回收流动资金。

为了统一绘制方法和便于比较,在技术经济分析中,通常规定:投资发生在各时期的期初;销售收入、经营成本、税金等则发生在各个时期的期末;回收固定资产净残值与回收

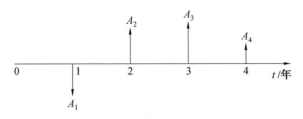

图 2.2 现金流量图(2)

流动资金在项目经济寿命周期终了时发生。

例 2.1 某工程项目初始投资为 100 万元,每年产生的净收益为 25 万元,第 5 年追加投资 50 万元,当年见效,且每年产生的净收益由原来的 25 万元变为 40 万元,该项目的经济寿命约为 8 年,残值为 10 万元,试绘制该项目的现金流量图。

解 首先画出时间轴,寿命周期为 8 年,时间轴上每一间隔代表 1 年。项目初始投资为 100 万元,这里指的是第一年年初投资 100 万元,所以应该是在 0 时点画出箭头朝下的现金流出项,数额大小为 100 万元。每年产生的净收益为 25 万元,也就是从 1 时点开始,画出箭头朝上的现金流入项,数额大小为 25 万元。第 5 年追加投资 50 万元,也就是第 5 年的年初,所以在 4 时点画出箭头朝下的现金流出项 50 万元;当年见效,且每年产生的净收益由原来的 25 万元变为 40 万元,也就是从第 5 年年末开始,即 5 时点开始,现金流入项为 40 万元,一直到 8 时点。最后,还有一笔残值 10 万元,回收固定资产净残值是在项目经济寿命周期终了时发生,即在最后一年年末加上现金流入项 10 万元。如图 2.3 所示。

单位:万元

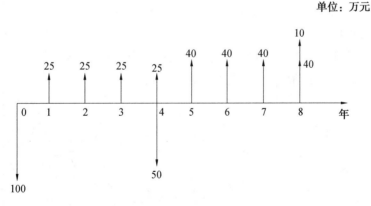

图 2.3 现金流量图(3)

如果同一时点上既有现金流入又有现金流出,可以计算一下,然后直接标出各时点的净现金流量,这样在用现金流量图进行技术经济分析时也会更直观一些。如图 2.4 所示。

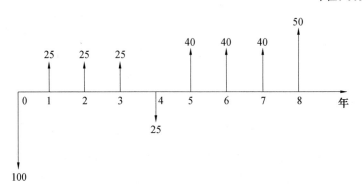

图 2.4 净现金流量图

2.2 投　　资

在技术经济学中,对于一个投资项目来说,投资、成本、销售收入、利润、税金构成了现金流量的 5 个基本要素,是进行经济效果评价的基础数据。

一般情况下,投资具有双重含义。

一是指特定的经济活动。即为了将来获得收益或避免风险而进行的资金投放活动。

二是指投放的资金。即为了实现生产经营目标而预先垫付的资金。我们这里所说的投资是第二个含义。投资是技术经济分析中的现金流出项。

那么在技术经济分析中,建设项目的总投资主要包括哪些内容呢?这里我们要根据项目的类型来说明。

对于非生产性项目,总投资指的是项目的建设投资;而对于生产性项目,总投资除了建设投资以外,还包括流动资金。如图 2.5 所示。

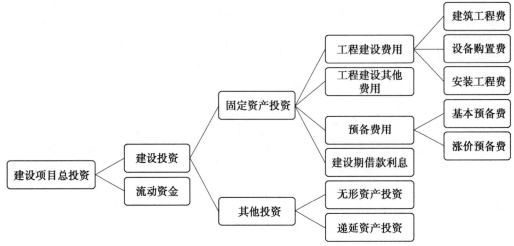

图 2.5 建设项目总投资构成图

非生产性项目建成之后就会有收益,比如说开发商投资建设住宅楼,那么这个住宅楼建成之后则可以销售以获得收益,因此其建设总投资则只包括建设期投入的建设投资。

对于生产性项目,项目建成之后还要进入生产经营过程,直到产品销售之后才会有收益,比如说投资建设工厂,工厂在建设期建成之后,还要进入生产经营期,因此在投入生产之前还要投入一笔资金用于生产之前的准备,比如购买原材料,那么这笔资金则为流动资金,因此其建设总投资包括建设期投入的建设投资和投产准备的流动资金。

另外,建设投资主要由固定资产投资构成,部分投资项目中还包括无形资产投资和递延资产投资。

所以,建设项目总投资是指项目从建设前期准备到其全部建成投产为止所发生的全部投资的总和,是项目建设和投入运营所需的全部资金,一般包括固定资产投资、无形资产投资、递延资产投资及流动资金。这四者分别形成固定资产、无形资产、递延资产及流动资产。如图 2.6 所示。

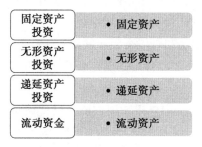

图 2.6 资产形成图

1. 固定资产

固定资产指的是使用期限在一年以上,单位价值在规定标准以上,在使用过程中保持原来形态的资产。

固定资产能以同样的实物形态连续多次为生产周期服务。它的价值随着它的使用磨损,以折旧方式分期分批转移到产品价值中去,构成产品成本的一部分。

所以我们通常把一定时期内将固定资产损耗计入产品成本费用的方式,称为固定资产折旧。固定资产折旧一般有如下几种计算方法。

(1) 直线折旧法。

比较常见的、计算比较简单的方法为直线折旧法,也叫平均年限法,即把应计提折旧的固定资产价值按其使用年限平均分摊。

该方法的特点是同一固定资产每年的折旧额相同,其计算公式为

$$年折旧额 = \frac{固定资产原值 - 固定资产净残值}{折旧年限}$$

$$年折旧率 = \frac{年折旧额}{固定资产原值} \times 100\% = \frac{1-预计净残值率}{折旧年限} \times 100\%$$

$$月折旧率 = \frac{年折旧率}{12}$$

固定资产净残值为固定资产残值减去清理费用后的余额。

例 2.2 某设备原始价值 15 000 元,预计固定资产净残值为 300 元,使用年限为 5 年,用平均年限法计算出年折旧额、年折旧率和月折旧率。

解 根据上述公式计算得到

$$年折旧额 = \frac{15\ 000 - 300}{5} = 2\ 940(元)$$

$$年折旧率 = \frac{2\ 940}{15\ 000} \times 100\% = 19.6\%$$

$$月折旧率 = \frac{19.6\%}{12} = 1.63\%$$

(2) 加速折旧法。

加速折旧的目的是使固定资产在使用年限内加快得到补偿。采用加速折旧法,并不意味着固定资产提前报废或多计提折旧。不论采用何种方法计提折旧,在不考虑资金时间价值的条件下,在整个固定资产使用年限内折旧总额都是一样的。采用加速折旧法只是在固定资产使用前期计提折旧较多而使用后期计提折旧较少。加速折旧法的具体方法很多,使用较多的有年数总和法和双倍余额递减法。

① 年数总和法。年数总和法的特点是固定资产的折旧率是逐年递减的,各年折旧率的计算公式为

$$年折旧率 = \frac{折旧年限 - 固定资产已使用年数}{折旧年限的逐年数字之和} \times 100\%$$

$$年折旧额 = (固定资产原值 - 固定资产净残值) \times 年折旧率$$

例 2.3 对于例 2.2,采用年数总和法计算各年折旧额。

解 根据上述公式计算得到

$$逐年数字之和 = 5 + 4 + 3 + 2 + 1 = 15$$

$$第1年折旧额 = (15\ 000 - 300) \times \frac{5}{15} = 4\ 900(元)$$

$$第2年折旧额 = (15\ 000 - 300) \times \frac{4}{15} = 3\ 920(元)$$

$$第3年折旧额 = (15\ 000 - 300) \times \frac{3}{15} = 2\ 940(元)$$

$$第4年折旧额 = (15\ 000 - 300) \times \frac{2}{15} = 1\ 960(元)$$

$$第5年折旧额 = (15\ 000 - 300) \times \frac{1}{15} = 980(元)$$

② 双倍余额递减法。双倍余额递减法计算各年折旧额是在不考虑固定资产净残值的情况下,用年初固定资产净值乘以直线折旧率的 2 倍计算年折旧额。计算公式为

$$年折旧率 = \frac{2}{折旧年限} \times 100\%$$

$$年折旧额 = 当年固定资产净值 \times 年折旧率$$

折旧年限到期前的最后两年,采用直线折旧法计算年折旧额,计算公式为

$$年折旧额 = \frac{固定资产净值 - 固定资产净残值}{2}$$

例 2.4 对于例 2.2，按双倍余额递减法计算各年折旧额。

解 根据上述公式计算得到

$$前3年的年折旧率 = \frac{2}{5} \times 100\% = 40\%$$

$$第1年折旧额 = 15\,000 \times 40\% = 6\,000(元)$$

$$第2年折旧额 = (15\,000 - 6\,000) \times 40\% = 3\,600(元)$$

$$第3年折旧额 = (15\,000 - 6\,000 - 3\,600) \times 40\% = 2\,160(元)$$

最后两年的年折旧额采用直线折旧法计算。

$$第4、5年折旧额 = \frac{15\,000 - 6\,000 - 3\,600 - 2\,160 - 300}{2} = 1\,470(元)$$

固定资产使用一段时间后，它的原值扣除累计的折旧额即为固定资产净值。

但由于社会经济条件的变化，固定资产净值往往不能反映当时的固定资产的真实价值，根据社会再生产条件和市场情况对固定资产的价值重新进行评估所得到的固定资产价值称为固定资产重估值。

比如我买了一辆车 10 万元，每年折旧 2 万元，那么两年后的净值为 6 万元，但两年后根据市场条件和情况这辆车只值 3 万元，那么这个 3 万元就是重估值。

最后，当固定资产寿命期结束时，固定资产报废时的残余价值称为固定资产的残值。对于某一项目来说，固定资产期末残值是一项在项目寿命期结束时可回收的现金流入。

例 2.5 某机床设备原始购置价值为 101 万元，预计使用寿命年限为 10 年，设备报废时残余价值为 1 万元。则该设备每年按平均年限折旧的年折旧额摊入成本？如该设备已使用 6 年，则设备净值为多少万元？

解 首先计算年折旧额

$$年折旧额 = \frac{101-1}{10} = 10(万元)$$

使用 6 年后的净值为

$$101 - 10 \times 6 = 41(万元)$$

另外，要注意的是，在技术经济分析中，由于固定资产在买入的当期已经计入现金流出，故固定资产折旧费不重新计算。

所以折旧不是现金流出，当然也不可能是现金流入，而是非现金费用。

固定资产的残值是一项在项目寿命期结束时可回收的现金流入。

在技术经济效果评价时，折旧费是非现金流量，不能计入现金流量表中。但在财务分析时，根据税法规定，总成本费用估算表中对总成本计算时可把折旧费计入，销售利润减少，故折旧可起到避税作用，间接影响技术方案的现金流量。

2. 无形资产

无形资产指的是企业长期使用但没有实体形态的可以持续为企业带来经济效益的资产。也可以把它称为无形的固定资产。而前面我们介绍的固定资产，则为有形的固定资产。如专利权、商标权、专有技术、专营权、土地使用权等都属于无形资产。无形资产无独立实体,但又依托于实体。

3. 递延资产

递延资产指的是不能全部计入当期损益,应在以后年内分期摊销的各项费用。如开办费、大修理费、租入固定资产改良支出等。

递延资产本身没有交换价值,不像固定资产和无形资产,本身是具有价值的,可以进行转让来获得收益。递延资产实际上是一种费用,但由于这些费用的效益要在未来长期体现出来,并且这些费用支出的数额一般较大,若把它们与支出年度的收入相配比,就不能正确计算当期经营成果,所以应把它们作为递延资产投资处理,在收益期内分期摊销。

比如一台设备经过改良后效用和功能大增,受益期比较长,那么改良的费用就可以计入递延资产,在受益期内分期摊销改良费用。

无形资产和递延资产通过摊销的方式分期分批转移到产品价值中去,构成产品成本的一部分。

在技术经济分析时,和折旧费一样,摊销费也是非现金流量,不能计入现金流量表中。但在财务分析时,摊销费也可以被计入产品的总成本。

因此,在进行现金流量分析时,折旧费和摊销费都不属于现金流量。

4. 流动资产

流动资产是流动资金形成的资产形式。流动资金指的是项目在投产前预先垫付、在投产后生产经营过程中周转使用的资金。所以流动资产指可以在1年或超过1年的一个营业周期内变现或耗用的资产,主要包括存货、应收及预付款项和现金等。流动资产的投资则主要是针对生产性项目的建设。

流动资金通常有以下两种估算方法。

(1)扩大指标估算法。通常以销售收入、经营成本、总成本费用和固定资产投资总额等为基数来计算流动资金占其中的比率。

(2)分项指标估算法。这是国际上通用的分项定额估算法,一般利用流动资金等于流动资产减去流动负债的原理,通过分解流动资产和流动负债的具体构成来得到流动资金当年增加额。计算公式为

$$流动资金 = 流动资产 - 流动负债$$

$$流动资产 = 应收账款 + 预付账款 + 现金 + 存货$$

$$流动负债 = 应付账款 + 预收账款$$

$$流动资金本年增加额 = 本年流动资金 - 上年流动资金$$

流动资金估算的具体步骤是首先确定各分项最低周转天数,计算出周转次数,然后进行分项估算。

① 周转次数的计算。

$$周转次数 = \frac{360 \text{天}}{最低周转天数}$$

②流动资产估算。

$$应收账款 = \frac{年经营成本}{应收账款年周转次数}$$

$$预付账款 = \frac{外购商品或服务年费用金额}{预付账款周转次数}$$

$$现金 = \frac{年工资及福利费 + 年其他费用}{现金年周转次数}$$

其中,年其他费用=制造费用+管理费用+营业费用-(以上三项费用中所含的工资及福利费、折旧费、摊销费、修理费)

存货包括:外购原材料、燃料及动力费,在产品,产成品。

$$外购原材料、燃料及动力费 = \frac{年外购原材料、燃料及动力费}{年周转次数}$$

$$在产品 = \frac{年外购原材料、燃料及动力费 + 年工资及福利费 + 年修理费 + 年其他制造费}{在产品年周转次数}$$

$$产成品 = \frac{年经营成本 - 年其他营业费用}{产成品年周转次数}$$

③流动负债估算。

$$应付账款 = \frac{年外购原材料、燃料及动力费}{应付账款年周转次数}$$

$$预收账款 = \frac{预收的营业收入年金额}{预收账款周转次数}$$

2.3 成　　本

成本是反映项目经营过程中资源消耗的一个主要基础数据,是形成产品价格的重要组成部分,是影响经济效益的重要因素。

成本是用货币表示的为实现某一既定目标所必须付出或已经付出的代价,也可称为总成本费用,指的是在一定时期内(通常为1年)由于生产和销售商品及提供劳务发生的全部费用。

对于总成本费用的构成,可以通过生产成本法将其分成两个大的部分,即生产成本和期间费用,主要是根据所发生的费用跟生产经营过程有无直接和密切关系来进行划分。所发生的费用跟生产经营过程有最直接和密切的关系,则计入生产成本;跟生产经营没有直接关系或关系不密切的费用则为期间费用。

总成本费用可划分为生产成本和期间费用。生产成本包括和生产商品与提供劳务直接有关的直接费用,还包括企业各生产单位为组织和管理生产活动所发生的制造费用,而期间费用则包括为管理和组织经营活动而发生的管理费用,为筹集资金而发生的财务费用,以及为销售产品过程中所发生的销售费用。如图2.7所示。

在项目经济评价中,为便于计算,通常还会按照各费用要素的经济性质和表现形态划分为外购材料费、外购燃料及动力费、工资及福利、折旧费、摊销费、修理费、利息支出以及

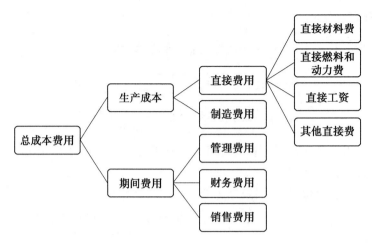

图 2.7　生产成本法的总成本费用构成

其他费用。在财务报表中的总成本费用估算表里,各项费用则可以按照费用要素的经济性质和表现形态来进行划分。

总成本费用还可以划分为固定成本和可变成本。

(1)固定成本指的是在一定产量范围内不随产量变动而变动的费用,如管理人员工资、差旅费、设备折旧费、办公费等。

固定成本的特点是其总额在一定生产规模限度内不随产量的增加而变动。但就单位产品成本而言,其中的固定成本部分与产量的增减成反比,即产量增加时,单位产品的固定成本减少。

(2)可变成本指的是总成本中随产量变动而变动的费用,如直接材料费、直接燃料和动力费、包装费等。

可变成本的特点是其可变成本总额随产量的增加而增加。但就单位产品成本而言,可变成本部分是固定不变的。

固定成本与可变成本的比较见表 2.1。

表 2.1　固定成本与可变成本的比较

产量/件	固定成本总额/元	可变成本总额/元	总成本/元	单位产品固定成本/元	单位产品可变成本/元
10	10 000	6 000	16 000	1 000	600
20	10 000	12 000	22 000	500	600
30	10 000	18 000	28 000	333	600
40	10 000	24 000	34 000	250	600

在表 2.1 中,生产不同产量的产品所需要的总成本费用是不一样的。总的固定成本都是 10 000 元,没有发生变动,对应的单位产品固定成本则分别为 1 000 元、500 元、333 元、250 元,不断减少。总的可变成本随产量增加是不断增加的,但单位产品可变成本则没有发生变动,都是 600 元。

在项目经济评价中,引入了会计学当中没有的成本概念,即经营成本。经营成本是为方便经济分析从总成本费用中分离出来的一部分费用,指的是在一定期间(通常为1年)内由于生产和销售商品及提供劳务而实际发生的现金支出。要注意"实际发生"这几个关键字,前面提到的现金流量的概念,也涉及"实际发生"这几个关键字,因此经营成本是项目评价特有的概念,主要用于现金流量分析。

经营成本与总成本费用之间的关系为

经营成本＝总成本费用－折旧费－摊销费－借款利息支出

折旧费和摊销费是过去投资在项目使用期内的分摊,不属于新的现金流出,而总成本费用中因为包括了折旧费和摊销费这两项非现金流量,所以总成本费用也不能作为现金流量,那么在现金流量分析时,成本的概念中只有经营成本可以作为现金流入项来进行分析。

另外,利息支出虽为现金流出,但在财务报表中,项目全投资现金流量表中不考虑资金来源,不存在利息的问题;而自有资金现金流量表中已将利息单独列出,因此经营成本也将其扣除。

总成本费用可以划分为与生产经营直接有关的生产成本和没有直接关系的期间费用;也可以按照费用要素的经济性质和表现形式来划分各项成本费用;还可以从总成本费用中剔除折旧费、摊销费和利息支出,转换成经营成本,作为项目经济评价中的现金流量进行分析。如图2.8所示。

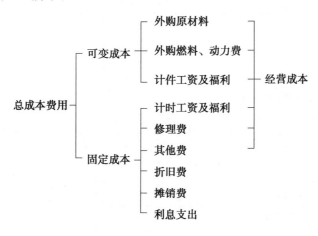

图2.8 总成本费用的构成

总成本费用适用于财务分析中的总成本费用估算表(表2.2),而经营成本适用于经济效果分析中的现金流量表(表2.3)。

表 2.2 总成本费用估算表(生产要素法)　　　　　　单位:万元

序号	项目	合计	计算期					
			1	2	3	4	...	n
1	外购原材料							
2	外购燃料及动力费							
3	工资及福利费							
4	修理费							
5	其他费用							
6	经营成本(1+2+3+4+5)							
7	折旧费							
8	摊销费							
9	利息支出							
10	总成本费用合计(6+7+8+9)							
	其中:固定成本							
	可变成本							

表 2.3 现金流量表　　　　　　单位:万元

序号		建设期		生产期				
1	现金流入	1	2	3	4	...	n
1.1	销售收入							
1.2	回收固定资产余值							
1.3	回收流动资金							
2	现金流出							
2.1	固定资产投资							
2.2	流动资金							
2.3	经营成本							
2.4	销售税金及附加							
2.5	所得税							
2.6	职工奖励福利基金							
3	净现金流量							

2.4 销售收入

销售收入在经济评价中是作为现金流入项的,指的是企业销售产品或提供劳务等取得的货币收入,是投资项目财务收益的主要来源。

销售收入的计算公式为

$$销售收入 = 商品销售量 \times 销售单价$$

在进行项目经济评价时,销售收入往往通过预测方法得出。并且在计算销售收入时通常假定销量等于产量,且全部收入立即回收,此时的销售收入即为技术方案的现金流入。

2.5 利　　润

利润是项目经营目标的集中体现,是项目在一定时期内的经营成果。

利润的计算公式为

$$利润 = 销售利润 + 投资净收益 + 营业外收支净额$$

其中,销售利润是企业在一定时期内从事经营活动取得的利润,是企业利润的最主要来源。其计算公式为

$$销售利润 = 销售收入 - 总成本费用 - 销售税金及附加$$

投资净收益是企业对外投资取得的收益扣除投资损失的余额。

营业外收支净额是指企业营业外收入减去营业外支出的差额。

技术方案的利润已包含在销售收入中,因此利润不再作为单独的现金流入项目。

2.6 税　　金

税金指的是国家依法向有纳税义务的单位或个人征收的财政资金,具有强制性、无偿性、固定性的特点。

我国目前的工商税制主要分为流转税类、资源税类、所得税类、财产税类和特定目的税类。

在项目财务分析中,从企业的角度,税金是现金流出项,如图 2.9 所示。在国民经济评价中,从国家的角度,企业纳税并未减少国民收入,只是货币从企业转向国家政府,属于收入的再分配,因此税金既不是现金流入也不是现金流出,而是国民经济内部的"转移支付",如图 2.10 所示。

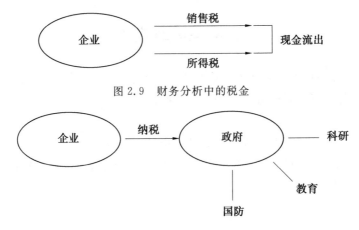

图 2.9　财务分析中的税金

图 2.10　国民经济分析中的税金

本章小结

项目的建设可以看成是货币形式体现的现金流入或现金流出,投资、成本、销售收入、利润、税金是构成现金流量的 5 个基本要素。

投资具有双重含义,技术经济学中的投资指为了实现生产经营目标而预先垫付的资金。建设项目总投资包括固定资产投资、无形资产投资、递延资产投资和流动资金,分别形成固定资产、无形资产、递延资产和流动资产。

成本是反映项目经营过程中资源消耗的一个主要基础数据,是影响经济效益的重要因素。按照生产成本法,成本可分为直接费用、制造费用和期间费用,期间费用又包括管理费用、财务费用和销售费用;按照成本费用构成要素,总成本可分为外购材料费、外购燃料动力费、工资及福利费、折旧摊销费、修理费、利息支出等。折旧是对固定资产价值损耗的补偿,其计算方法有直线折旧法、年数总和法和双倍余额递减法。

销售收入是企业向社会出售商品或提供劳务的货币收入,是企业生产成果的货币表现。利润是企业在一定时期内全部生产经营活动的最终成果。要注意的是,技术方案的利润已包含在销售收入中,因此利润不再作为单独的现金流入项目。

税金是国家依据法律对有纳税义务的单位和个人征收的各种税款,是纳税人为国家提供积累的重要方式,具有强制性、无偿性、固定性的特点。我国目前的工商税制主要分为流转税类、资源税类、所得税类、财产税类和特定目的税类。在项目财务分析中,从企业的角度,税金是现金流出项。在国民经济评价中,从国家的角度,企业纳税并未减少国民收入,只是货币从企业转向国家政府,属于收入的再分配,因此税金既不是现金流入也不是现金流出,而是国民经济内部的"转移支付"。

本章思维导图

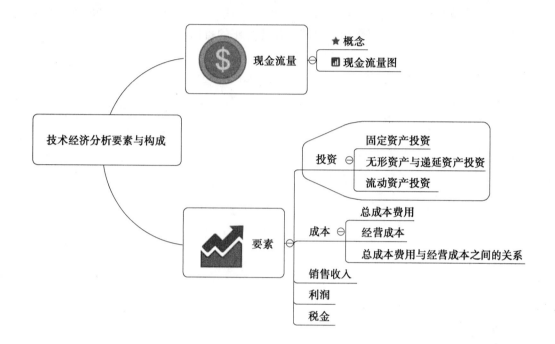

本章习题

1. 什么是固定资产投资？什么是流动资金？二者有什么区别？
2. 何谓经营成本？为什么要在工程经济分析中引入经营成本的概念？
3. 总成本费用与经营成本之间的关系是什么？哪个成本可以作为现金流量计入现金流量表中？
4. 下面（　　）不是项目的现金流出项。
   A. 建设投资　　B. 总成本费用　　C. 流动资金投资　　D. 销售税金及附加
5. 经营成本是指总成本费用中扣除（　　）以后的全部费用。
   A. 折旧费　　B. 摊销费　　C. 销售税金及附加　　D. 利息支出
6. 一定生产规模内不随产量变化而变化的费用是（　　）。
   A. 固定成本　　B. 可变成本　　C. 机会成本　　D. 沉没成本
7. 可以以相同的物质形态为连续多次的生产过程服务的是（　　）。
   A. 固定资产　　B. 无形资产　　C. 递延资产　　D. 流动资产
8. 判断：固定资产净值等于固定资产原值减去折旧额。（　　）
9. 判断：无形资产是指没有物质实体，但却可以为拥有者带来长期收益的资产。（　　）

10. 判断：工程项目在生产经营期间的经常性实际支出成为总成本。（　　）

11. 判断：折旧是成本项目，因而属于现金流出量。（　　）

12. 固定资产原值为 20 万元，预计使用年限 10 年，固定资产净残值为 1 万元，用直线折旧法计算年折旧额、年折旧率及月折旧额。

13. 固定资产原值为 6 万元，预计使用年限 5 年，固定资产净残值为 5 000 元，分别用平均年限法、年数总和法和双倍余额递减法计算各年的折旧额。

第 3 章 资金的时间价值与等值计算

本章内容围绕资金的时间价值原理展开。读者首先要了解什么是资金的时间价值，通过本章对资金时间价值的定义、产生条件、影响因素、衡量尺度等方面的阐述，对资金的时间价值有一个初步的认识；然后从利息和利率两方面着手，掌握利息的不同形式计算及利率的不同分类；再将这些基础知识运用到资金的等值计算中，通过了解日常最基本的 6 个等值形式，掌握资金的等值计算过程；最后是资金等值计算的具体应用，资金的时间价值原理广泛运用于日常的经济活动、财务管理、投资决策、资产评估等方面。

3.1 资金的时间价值

案例：从成语"朝三暮四"看"资金的时间价值"

朝三暮四这个成语出自《庄子》中狙公赋芧这个典故。讲的是古时候有个喜欢养猴子的人，有一天他家的经济条件不好了，因此必须得缩减猴子们的饮食。于是他和猴子们商量："以后，我每天早上给你们三颗橡子，晚上给你们四颗橡子，可以吗？"猴子一听，纷纷表示抗议。于是狙公又说："那这样吧，以后我每天早上给你们四颗橡子，晚上给你们三颗橡子，你们看这样行不行呢？"猴子听到早上的比之前多一颗，纷纷开心起来。

这里我们不妨想象一下，这些猴子其实已经懂得了收益增长过程中一个非常重要的原理——资金的时间价值。

"朝三暮四"与"朝四暮三"看起来总数都是七，但因为不同时间点上发生的数量不一样，所以实际上它们的价值是不一样的。对于猴子来说，橡子就是他们的收益。资金的时间价值则体现在当前所持有的一定量资金比未来获得的等量资金具有更高的价值。

人们无论从事何种经济活动，都必须花费一定的时间。时间可以说是一种最宝贵也是最有限的资源，有效地利用资源可以产生价值。所以，对时间因素的研究是技术经济分析的重要内容。要正确评价技术方案的经济效果，就必须研究资金的时间价值。

从上面的例子我们可以看到，资金的支出与收入的经济效果不仅与资金的数量有关，而且与资金发生的时间有关。

1. 资金的时间价值

生活中，假如我将一笔资金存入银行，那么一年后，除了能拿到这笔原始资金外，还能额外再拿到一笔钱。这笔在原有资金之外增值的部分就是资金的时间价值。如图 3.1 所示，资金的时间价值可以定义为：资金在生产和流通过程中，随着时间的推移产生的增值部分。

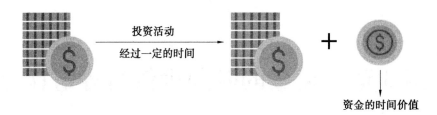

图 3.1 资金时间价值的产生

对于资金的时间价值,我们可以从两个方面来理解。

(1)从投资者的角度来看,投入一笔资金则希望资金在生产和流通的过程中带来收益,所以资金的时间价值表现为资金运动过程中价值的增值。

(2)从消费者的角度来看,投入一笔资金则相当于放弃了当前消费,比如我把一笔资金存入银行,那我当前就失去了对这笔资金消费的机会,所以资金的时间价值体现为放弃现期消费的损失所得到的必要补偿。

资金时间价值的产生需同时满足以下两个条件。

(1)要经过一定的时间。

(2)资金要参与生产或流通过程的周转,也就是资金必须运动起来,不能闲置。

只有经过一定的时间并且运动的资金,才会产生时间价值。如果我将一笔资金闲置,哪怕经过再长的时间,都不会有时间价值。任何资金的闲置,都是损失资金的时间价值。所以这两个条件缺一不可。

2. 影响资金时间价值的因素

资金的时间价值是客观存在的。我们要想充分利用资金的时间价值并最大限度地获得其时间价值,就要依据资金时间价值的影响因素来选择合适的投资活动。

(1)资金的使用时间。

资金的时间价值是时间的函数,在其他条件不变的情况下,使用时间越长,资金的时间价值就越大。

(2)资金数量的多少。

在其他条件不变的情况下,资金的数量越多,产生的时间价值就越大。

(3)资金投入和回收的特点。

在总投资一定的情况下,前期投入的资金越多,资金的负效益就越大。而在资金回收额一定的情况下,离现在越近的时间回收的资金越多,资金的时间价值就越多。总之,对于投资者来说,投资的钱希望越晚越好,而回收的钱则希望越早越好。也就是我们常说的投资活动中的"晚投早收"原则。

(4)资金周转的速度。

资金的周转速度越快,在一定时间内等量资金的周转次数越多,资金的时间价值越多。

3. 资金时间价值的衡量尺度

资金常用的两种投资活动:一是资金借贷活动;二是生产经营活动。

资金时间价值的衡量尺度有两种:一种是绝对尺度,另一种是相对尺度。

我们可以用利息(或净收益)来衡量资金时间价值的绝对尺度。利息(或净收益)表示资金在单位时间内产生的增值。利率(或收益率)是用来衡量资金时间价值的相对尺度。

通常我们在具体量化计算的时候,就以利息和利率来表示资金的时间价值。对于利息,在技术分析中,由于投资活动的不同,我们也可以称之为报酬额、净收益或净利润,这些都是表示资金时间价值的绝对尺度。而利率也可以称为报酬率、收益率、折现率或贴现率等。这些都是表示资金时间价值的相对尺度,用百分数来表示。具体计算公式为:利率等于单位时间内所产生的利息除以投入的本金,即

$$i = \frac{I_t}{P} \times 100\% \tag{3.1}$$

式中　　i——利率;

　　　　I_t——单位时间内产生的利息;

　　　　P——投入的本金。

例 3.1　某公司现借得本金 1 000 万元,一年后付息 80 万元,年利率为多少?

解　年利率 $i = \frac{80}{1\,000} \times 100\% = 8\%$

3.2　单利和复利

案例:复利的威力

小张最近闷闷不乐的,原来前段时间他贷款 10 000 万,对方说利率是 0.5%一天,借了 30 天后,小张还了 $10\,000 \times 0.5\% \times 30 = 1\,500$ 元的利息,可对方说不够,这是怎么回事呢?

小张采用的这种利息计算方式,一天利息 50 元,乘以 30 天,得出来的利息数 1 500 元是单利计息。但在实际的经济活动中,因为资金具有时间价值,所以前一天的 50 元利息在后一天里也是要计算利息的,要用复利的方式来计息,也就是我们常说的"利滚利"的方式。

小张贷款的 10 000 元,根据日利率 0.5%的复利计算,30 天后利息已高达 11 614 元。

假如我们将一笔资金存入银行,这笔资金就称为本金,经过一段时间后,我们可在本金之外再额外得到一笔资金,这笔额外获得的资金就称为利息。

这一过程也可以表示为

$$F = P + I \tag{3.2}$$

式中　　F——最终获得的本金和利息之和,也称本利和;

　　　　P——本金;

　　　　I——利息。

经济学中,利率的定义是从利息的定义中衍生出来的。也就是说,在理论上先承认了

利息,再以利息来解释利率。但在实际计算中正好相反,常根据利率计算利息,即单位时间内所得的利息 I 等于本金 P 乘以利率 i。

日常生活中,利率随处可见,比如银行的存款利率、购房的贷款利率、投资的回收利率等。

在技术经济分析中,对利率有几个习惯性的解释,如:

(1)"利率为 8%"指的就是:年利率为 8%,一年计息一次。

(2)"利率为 8%,半年计息一次"指的就是:年利率为 8%,每年计息两次,或者可以解释成半年计息一次,每次计息的利率为 4%。

对利息的计算通常有两种方式,即单利计息和复利计息。

单利指的是仅以本金为基数计算利息,利息不再计息;而复利指的是以本金与累计利息之和为基数计算利息,即人们通常所说的"利滚利"。

例 3.2 现有本金 1 000 元进行投资,在年利率为 10% 的情况下,3 年后能回收本利和多少?分别采用单利和复利的方式进行计算。($i=10\%$,单位:元)

解 1 单利计算:单利仅以本金作为计息基数,而先前计息周期中所累积增加的利息是不计入后一计息周期的计息基数的,也就是"利不生利"。

例 3.2 中,现有本金 1 000 元,在年利率为 10% 的情况下,一年后本利和为 1 000+1 000×10%=1 100(元),1 100 元包括 1 000 元本金和 100 元利息,那么 2 年后的本利和是多少呢?因为是单利计算,所以第 2 年的计息基数只有本金 1 000 元,2 年后的本利和则为 1 000+(1 000×10%)+100=1 200(元)。同理,3 年后的本利和为 1 300 元。所以在单利计息的情况下,3 年后可获得的利息为 1 300-1 000=300(元)。

由此可以推导出单利的计算公式为

n 年后的本利和

$$F=P(1+in) \qquad (3.3)$$

n 年后的总利息

$$I=F-P=Pin \qquad (3.4)$$

通过式(3.3)和式(3.4),可以直接计算出单利条件下 3 年后的本利和为 1 300 元,利息为 300 元。

具体计算步骤见表 3.1。

表 3.1 单利法计算过程

年份	年初账面余额/元	年利息/元	年末本利和/元
1	1 000	100	1 100
2	1 100	100	1 200
3	1 200	100	1 300

解 2 复利是指在计算某一计息周期的利息时,其先前周期中所累积的利息要计算利息,即"利生利""利滚利"。

例 3.2 中,现有本金 1 000 元,在年利率为 10% 的情况下,一年后本利和为 1 000＋1 000×10%＝1 100(元),1 100 元包括 1 000 元本金和 100 元利息,那么 2 年后的本利和是多少呢?因为是复利计算,计息基数即为上一期的本利和,也就是 1 100×(1＋10%)＝1 210(元),同理 3 年后的本利和为 1 210×(1＋10%)＝1 331(元)。所以在复利计息的情况下,3 年后可获得的利息为 1 331－1 000＝331(元)。

由此可以推导出复利条件下的计息公式为

n 年后的本利和

$$F=P(1+i)^n \tag{3.5}$$

n 年后的总利息

$$I=F-P=P[(1+i)^n-1] \tag{3.6}$$

通过式(3.5)和式(3.6),可以直接计算出复利条件下 3 年后的本利和为 1 331 元,利息为 331 元。

具体计算步骤见表 3.2。

表 3.2 复利法计算过程

年份	年初账面余额/元	年利息/元	年末本利和/元
1	1 000	100	1 100
2	1 100	110	1 210
3	1 200	121	1 331

从这个例子我们可以看出,当单利计算和复利计算的利率相等时,资金的复利值是大于单利值的,且时间越长,差别越大。如图 3.2 所示。

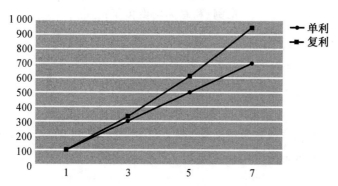

图 3.2 例 3.2 中采用单利和复利计算比较图

另外,由于利息是货币时间价值的体现,而时间是连续不断的,所以利息也是不断地发生的。从这个意义上来说,复利计算比单利计算更能反映货币的时间价值。

单利计息法虽然考虑了资金的时间价值,但对以前已经产生的利息没有转入计算基数而累计计息,因此,用单利计息法计算的资金的时间价值是不完善的。

复利计息法比较符合资金在社会在生产过程中运动的实际状况,因此在技术经济分析中,如果没有特殊说明,一般采用复利方法计息。

对于复利计息,从理论与实际两个角度,涉及复利计息的两种类型,即间断复利和连续复利。

间断复利是指在复利计算时,计息周期为一定的时间区间,比如一年计息一次、一个月计息一次,甚至1秒钟计息一次,只要能够说出具体的时间间隔,都属于间断复利。连续复利是指计息周期无限缩短,是连续的,无法说出具体的时间间隔,是趋向于无穷小的。如图3.3所示。

图 3.3　间断复利和连续复利

从理论上讲,资金在不停地运动,每时每刻都在增值。但在实际的经济活动中,计息周期不可能无限缩短,因而在计算时都是采用较为简单的间断复利计息。

复利值的大小不仅与利率有关,还与计息周期有着很大的关系。在日常生活中,有些非法贷款都是高利率,并且采用的是比较短的计息周期,利率越高、计息的周期越短,利息滚得就越厉害,复利的威力就越大。这也就是为什么越到后面利息增长得越快。

3.3　名义利率和实际利率

案例:利息为何变多了?

王先生年初将手里的10万元存入银行,银行的存款年利率是2.25%,一年后王先生从银行拿到了2 250元的利息。

张先生年初从银行贷款10万元。银行的贷款年利率为4.9%,一年后张先生要还银行的利息却不是4 900元,而是多于4 900元。

那么张先生所偿还的利息为何变多了呢?

因为在王先生和张先生所进行的投资活动中,存款是一年计息一次,而贷款则是一个月计息一次。

1. 名义利率与实际利率的概念

在技术经济分析中,利率周期通常以年为单位,如果不特别指出,计息周期也是以年为单位,即一年计息一次。但在实际经济活动中,也会遇到所给定的利率虽然还是年利率,但由于计息周期可能是比年还短的时间单位,如半年计息一次、一个季度计息一次、一个月计息一次,甚至一天计息一次等,此时一年内计息的次数不止一次,那么在复利情况下每计息一次,都会产生一部分新的利息,因而实际的利率也就不同,所以当利率周期为年,而计息周期小于一年时,就出现了名义利率和实际利率的概念。

通常我们所说的或者所给定的利率,如果没有特殊说明,都是名义利率。如利率为12%,则表示年名义利率为12%。

计息周期利率指的是名义利率 r 除以一年中的计息次数 m。比如 r 等于12%,半年计息一次,那么计息周期利率其实就是指半年利率,即12%除以一年中的计息次数2次,为6%。所以我们通常如果说"年利率为12%,每月计息一次",表示年名义利率为12%,按月计算利息,且其月利率为1%。

反过来,名义利率则等于计息周期利率乘以一年中的计息次数。名义利率在计算时忽略了前面各期利息再生的因素,因此它和单利的计算原理相同。而在复利计算条件下,每个计息周期计息一次,都会产生一部分新的利息,这就导致实际利率与名义利率不同。

名义利率与实际利率的转换过程如图3.4所示。

已知年初有资金值 P,名义利率为 r,一年内计息 m 次,计息周期利率为 $i=\dfrac{r}{m}$。

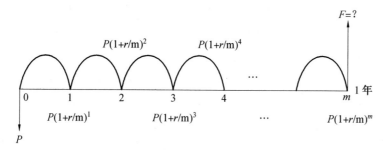

图3.4 名义利率与实际利率转换过程图

在图3.4中,我们把一年中计息次数 m 次都标上,每一个计息周期的利率为 $\dfrac{r}{m}$,本金 P 经过第一个计息周期,本利和为 $P(1+\dfrac{r}{m})^1$,复利计息,上一期本利和为下一期计息基数,再经过一个计息周期,本利和为 $P(1+\dfrac{r}{m})^2$,以此类推,经过 m 个计息周期,本利和为 $P(1+\dfrac{r}{m})^m$。

根据利息的定义,可得出这一年的利息为

$$I=F-P=P(1+\frac{r}{m})^m-P=P[(1+\frac{r}{m})^m-1] \tag{3.7}$$

再根据利率的定义,可得出这一年的实际利率为这一年的利息除以本金

$$i_e=\frac{I}{P}=\frac{P[(1+\frac{r}{m})^m-1]}{P}=(1+\frac{r}{m})^m-1 \tag{3.8}$$

由式(3.7)和式(3.8),可以推导出名义利率 r 与实际利率 i_e 的关系为

$$i_e=(1+\frac{r}{m})^m-1 \tag{3.9}$$

式中 i_e——实际利率;

r——名义利率；

m——一年中的计息次数。

例 3.3 住房按揭贷款的名义利率为 4.9%，每年计息 12 次，实际利率为多少？

解 $r=4.9\%, m=12$，则

$$i_e = (1+\frac{r}{m})^m - 1 = (1+\frac{4.9\%}{12})^{12} - 1 = 5.01\%$$

从式(3.9)中可以得出，当一年中的计息次数 m 等于 1 时，不涉及名义利率与实际利率的换算，二者是相等的。但当一年中的计息次数 m 大于 1 时，实际利率大于名义利率，且 m 越大，实际利率与名义利率之间的差值就越大(表 3.3)。

表 3.3 名义利率 6% 在不同计息周期时的实际利率

计息周期	年计息次数	计息周期利率/%	年实际利率/%
年	1	6.000 0	6.000 0
半年	2	3.000 0	6.090 0
季度	4	1.500 0	6.136 4
月	12	0.500 0	6.167 8
星期	52	0.115 4	6.179 7
日	365	0.016 4	6.183 1
连续	∞	0.000 0	6.183 7

当名义利率为 6% 时，不同计息周期数对应的实际利率各不相同。从表 3.3 中我们可以看出：每年计息周期 m 越多，年实际利率 i_e 和名义利率 r 相差就越大。

名义利率为 6%，若按季度计息，按季度利率 1.5% 计息与按年利率 6.136 4% 计息，二者是等价的。

所以，在技术经济分析中，如果各技术方案的计息期不同，就不能使用名义利率来评价，而必须换算成实际利率进行评价，否则会得出不正确的结论。

在计算中如果名义利率与实际利率不同，可以有以下两种处理方法。

(1)通过公式将名义利率换算为实际利率后，再进行计算。

(2)直接按单位计息周期利率来计算，但计息期数要进行相应调整。

例 3.4 贷款年利率是 4.9%，每月计息一次，借款 10 万元，1 年后需偿还利息多少？

解 给定的年利率是名义利率 4.9%，每月计息一次，则一年计息 12 次，月利率为 $\frac{4.9\%}{12}=0.408\%$。

第一种处理方法是根据公式计算出年实际利率

$$(1+\frac{4.9\%}{12})^{12} - 1 = 5.01\%$$

则一年后的本利和为

$$10 \times (1+5.01\%)^1 = 10.501(万元)$$

因此利息为 5 010 元。

第二种处理方法是直接根据月利率，12 个月后的本利和为
$$10 \times (1+0.408\%)^{12} = 10.501(万元)$$
因此利息为 5 010 元。

所以实际要偿还的利息是 5 010 元，而不是 4 900 元。

例 3.5 某投资人拟从银行借款 100 万元，2 年后一次性偿还本利和。现有 3 个银行可供选择：

A 银行贷款利率为 4%，一年计息一次；

B 银行贷款利率为 3.9%，半年计息一次；

C 银行贷款利率为 3.8%，一个季度计息一次；

该投资人选择哪个银行借款比较合算？

解 A 银行 2 年后偿还本利和为 $100 \times (1+4\%)^2 = 108.16$(万元)

B 银行 2 年后偿还本利和为 $100 \times (1+3.9\%/2)^4 = 108.03$(万元)

C 银行 2 年后偿还本利和为 $100 \times (1+3.8\%/4)^8 = 107.86$(万元)

所以，该投资人选择 C 银行借款比较合算。

在日常投资活动中，通常所给定的利率为年名义利率，如果计息周期也是一年，就不会涉及名义利率和实际利率的换算。但如果计息周期小于一年，一年中复利计息的次数不止一次，此时实际的利率就会跟给定的名义利率不同，在计算利息的时候就不能直接用名义利率计算，所以在进行技术经济活动分析时，一定要注意利率周期与计息周期是否一致，如果不一致，则要进行相应的处理，以免得出不正确的结论。

3.4 资金的等值计算

案例：通过资金的等值换算，还款金额为多少？

小王最近投资做生意缺一笔钱，他找到小张借了 10 万元，并且和小张约定：分两年还款，第一年后还 5 万元，第二年后还 5 万元。

小张觉得，小王约定的还款方式不公平，现在借出去的 10 万元比小王后面两年还回来的 10 万元价值高，因此小张要求按照合适的收益率分两年等值收回资金。

1. 等值的概念

从图 3.5 可以看出：现在的 100 元与一年后的 105 元，在数量上是不相等的，但如果将这笔 100 元的资金存入银行，且年利率为 5% 时，一年后的本金加上利息之和为 $F = 100(1+5\%) = 105$(元)。在年利率为 5% 的投资活动下，现在的 100 元与一年之后的 105 元是等值的。不同时期、不同数额但其价值等效的资金称为等值，又叫等效值。

在技术经济分析中，由于资金具有时间价值，不同时点上的资金无法直接比较，也无法直接进行加减计算。此时就需要利用等值的概念，将一个时点上发生的资金额换算成另一个时点上的等值金额，这个过程就称为资金的等值计算。

在图 3.5 所示的等值计算的过程中,前一个时点上的资金金额称为现值,后一个时点上的资金金额称为终值,也就是在年利率为 5% 的情况下,一年后的 105 元在现在是多少元?把将来某一时点的资金金额换算成现在时点的等值金额称为折现或贴现。

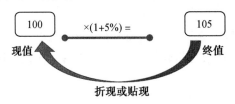

图 3.5　资金的等值计算过程

2. 资金等值计算的影响因素

(1)资金额的大小。资金额越大,与之等值的金额就越大。

(2)资金发生的时间。经过的时间越长,资金等值的金额就越大。

(3)利率。利率越大,等值的资金额就越大。

3. 资金等值计算的基本参数

(1)计息周期数,用 n 表示。

(2)利率,用 i 表示。

(3)现值,用 P 表示。

现值并非专指一笔资金现在的价值,它是一个相对的概念。一般来说,将 $(t+k)$ 时点上发生的资金折现到第 t 时点,所得的等值金额就是第 $(t+k)$ 时点上资金金额的现值。因此在界定现值时,要针对具体的某一个计算过程。

如图 3.6 所示,在第一步的等值计算过程中,100 元是现值,105 元是终值。如果想知道 105 元再经过一年时间价值是多少,需要再计算一步,在后面的计算过程中,105 元则是现值。

图 3.6　现值是一个相对的概念

(4)终值,用 F 表示。

终值也是一个相对的概念,在计算时要针对具体的每一步计算过程来确定现值和终值。

(5)年值,用 A 表示。

现值和终值都是指单笔资金,而年值指的是一系列的资金,是多笔资金。年值表示的是在连续每期期末等额支出或收入中的每一期资金支出或收入额。因为多数是一期以年为单位,所以叫年值。

年值有两个必不可少的条件:一是每期发生的资金是连续的;二是每期发生的资金是相等的。

如图 3.7 所示,5 年中每年年末都会往银行存 5 000 元,这个 5 笔连续且数量相等的 5 000 元就称为年值。但如果第 2 年年末停了一年,则不连续了,此时只能称后面 3 笔 5 000元为年值。再比如第 4 年年末存 6 000 元,则整个金额就不相等了,此时也只能将前面 3 笔资金看成年值。

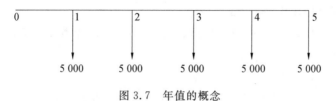

图 3.7 年值的概念

4. 现值 P、终值 F、年值 A 的相互转换

可以将其分为三组,每组中的两个计算形式都互为逆运算。第一组为 P 和 F 之间的转换,第二组为 A 和 F 之间的转换,第三组为 A 和 P 之间的转换。

5. P 和 F 之间的转换

P 和 F 之间的转换即一次支付终值计算和一次支付现值计算。

(1)一次支付终值计算(图 3.8),也就是已知现值求终值计算,即求本利和,公式为

$$F = P(1+i)^n = P(F/P, i, n) \tag{3.10}$$

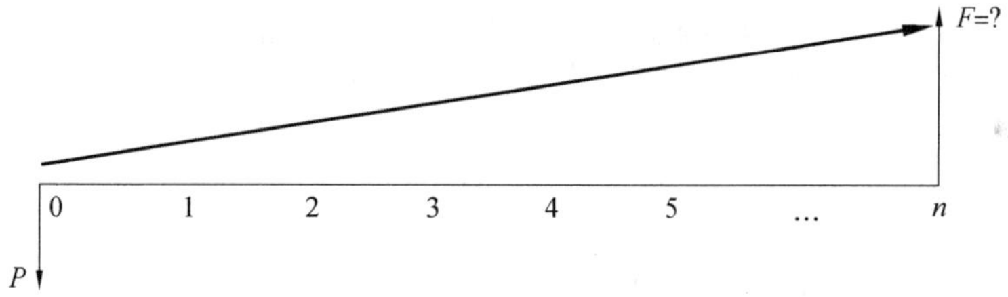

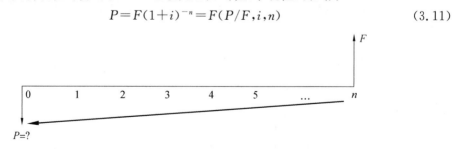

图 3.8 一次支付终值现金流量图

式(3.10)中,$(1+i)^n$ 称为一次支付终值系数,也可以用 $(F/P, i, n)$ 来表示,具体的写法为:括号里一个斜杠,斜杠左边是未知参数,也就是要求的参数,斜杠右边是已知参数。后面的系数公式都可以用这种表示形式,然后可以通过复利系数表去查找对应的系数值。

(2)一次支付现值计算(图 3.9),也就是已知终值,求现值,公式为

$$P = F(1+i)^{-n} = F(P/F, i, n) \tag{3.11}$$

图 3.9 一次支付现值现金流量图

例 3.6 某人当前一次性往银行存入 8 000 元,在年利率为 10% 的情况下,5 年后能从银行取出多少钱?

解 由式(3.10)计算可得
$$F = 8\,000 \times (1+10\%)^5 = 12\,888(元)$$
也可查复利系数表得 $(F/P, 10\%, 5) = 1.611$,故
$$F = P(F/P, i, n) = 8\,000 \times 1.611 = 12\,888(元)$$
即 5 年后能从银行取出 12 888 元。

例 3.7 如果为了 5 年后能从银行取出 10 000 元,在年利率是 10% 的情况下,当前应该存入多少钱?

解 由式(3.11)计算可得
$$P = 10\,000 \times (1+10\%)^{-5} = 6\,209(元)$$
也可查复利系数表得 $(P/F, 10\%, 5) = 0.620\,9$,故
$$P = F(P/F, i, n) = 10\,000 \times 0.620\,9 = 6\,209(元)$$
即当前应该存入 6 209 元。

2. A 和 F 之间的转换

A 和 F 之间的转换,即等额支付终值计算和等额支付偿债基金计算。这里涉及多笔资金 A 与单笔资金 F 之间的转换。

等额支付终值计算(图 3.10)就是已知年值求终值的计算,公式为
$$F = A\frac{(1+i)^n - 1}{i} = A(F/A, i, n) \tag{3.12}$$

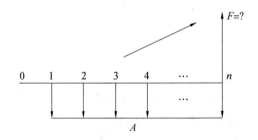

图 3.10 等额支付终值现金流量图

等额支付偿债基金计算(图 3.11)就是已知 F 求 A,公式为
$$A = F\frac{i}{(1+i)^n - 1} = F(A/F, i, n) \tag{3.13}$$

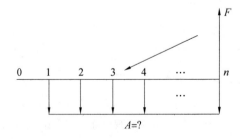

图 3.11 等额支付偿债基金现金流量图

例 3.8 某人每年年末向银行存入 5 000 元,连续 5 年,若银行年利率为 8%,5 年后共有多少本利和?

解 由式(3.12)计算可得

$$F = A\frac{(1+i)^n - 1}{i} = 5\,000 \times \frac{(1+8\%)^5 - 1}{8\%} = 29\,335(元)$$

也可查复利系数表得$(F/A, 8\%, 5) = 5.867$,故

$$F = A(F/A, i, n) = 5\,000 \times 5.867 = 29\,335(元)$$

即 5 年后共有本利和 29 335 元钱。

例 3.9 如果想 5 年后能一次性从银行取出 30 000 元,年利率为 8% 的情况下,每年年末要往银行存多少钱?

解 由式(3.13)计算可得

$$A = F\frac{i}{(1+i)^n - 1} = 30\,000 \times \frac{8\%}{(1+8\%)^5 - 1} = 5\,115(元)$$

也可查复利系数表得$(A/F, 8\%, 5) = 0.170\,5$,故

$$A = F(A/F, i, n) = 30\,000 \times 0.170\,5 = 5\,115(元)$$

即每年年末要往银行存 5 115 元,才能在 5 年后一次性从银行取出 30 000 元。

3. A 和 P 之间的转换

A 和 P 之间的等值转换,即等额支付现值计算和等额支付资本回收计算。这里涉及多笔资金 A 与单笔资金 P 之间的转换。

等额支付现值计算(图 3.12)就是已知 A 求 P,公式为

$$P = A\frac{(1+i)^n - 1}{i(1+i)^n} = A(P/A, i, n) \tag{3.14}$$

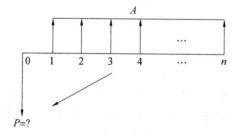

图 3.12 等额支付现值现金流量图

等额支付资本回收计算(图 3.13)就是已知 P 求 A,公式为

$$A = P\frac{i(1+i)^n}{(1+i)^n - 1} = P(A/P, i, n) \tag{3.15}$$

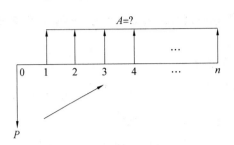

图 3.13　等额支付资本回收现金流量图

例 3.10　某企业打算年初一次性存入银行 300 万元,用于近 5 年每年年末的技术改造。银行存款年利率为 10%,则每一年可用于技术改造的资金金额为多少?

解　由式(3.15)计算可得

$$A = P\frac{i(1+i)^n}{(1+i)^n - 1} = 300 \times \frac{10\%(1+10\%)^5}{(1+10\%)^5 - 1} = 79.14(万元)$$

也可查复利系数表得$(A/P, 10\%, 5) = 0.2638$,故

$$A = P(A/P, i, n) = 300 \times 0.2638 = 79.14(万元)$$

即每一年可用于技术改造的资金金额为 79.14 万元。

例 3.11　如果近 5 年每年年末需用于技术改造 60 万元,则在利率为 10%时,开始需一次存入银行多少钱?

由式(3.14)计算可得

$$P = A\frac{(1+i)^n - 1}{i(1+i)^n} = 60 \times \frac{(1+10\%)^5 - 1}{10\% \times (1+10\%)^5} = 227.46(万元)$$

也可查复利系数表得$(P/A, 10\%, 5) = 3.791$,故

$$P = A(P/A, i, n) = 60 \times 3.791 = 227.46(万元)$$

即开始需一次存入银行 227.46 万元,才能保证后面 5 年每年年末都有 60 万元用于技术改造。

资金等值计算公式汇总见表 3.4。

在实际经济活动中,对于资金的等值计算,因为资金的发生并不一定呈现规律性,因此很少是可以直接运用公式的,所以我们在进行资金等值计算时,要注意 P、F、A 各自发生的位置,只有符合以下特点,才可以直接运用公式。

(1)在 P 和 F 的转换中,P 在第一期起点时发生,F 在最后一期期末,中间的时间间隔表示计息周期数 n。

(2)在 A 和 F 的转换中,资金系列中的最后一笔 A 和 F 一定要在同一个时点上。

(3)在 A 和 P 的转换中,要注意资金系列中的第一个 A 一定是和 P 间隔一期。

总结起来就是:时间轴上时点表示的含义,每笔资金发生的时点和条件。只有这样,才和公式的建立是相符合的,否则,就要进行相应的变换后再计算。

第3章 资金的时间价值与等值计算

表3.4 资金等值计算公式汇总表

类别		已知	求解	计算公式	复利系数名称和符号	现金流量图
一次支付	终值	P	F	$F = P(1+i)^n = P(F/P, i, n)$	一次支付终值系数 $(F/P, i, n)$	
	现值	F	P	$P = F(1+i)^{-n} = F(P/F, i, n)$	一次支付现值系数 $(P/F, i, n)$	
等额支付	终值	A	F	$F = A \dfrac{(1+i)^n - 1}{i} = A(F/A, i, n)$	等额支付终值系数 $(F/A, i, n)$	
	偿债基金	F	A	$A = F \dfrac{i}{(1+i)^n - 1} = F(A/F, i, n)$	等额支付偿债基金系数 $(A/F, i, n)$	
	现值	A	P	$P = A \dfrac{(1+i)^n - 1}{i(1+i)^n} = A(P/A, i, n)$	等额支付现值系数 $(P/A, i, n)$	
	资本回收	P	A	$A = P \dfrac{i(1+i)^n}{(1+i)^n - 1} = P(A/P, i, n)$	等额支付资本回收系数 $(A/P, i, n)$	

3.5 等值计算的应用

案例:资金这样分配公平吗?

小张和小王打算共同投资一个项目,表3.5是他们拟共同出资的项目的投资分配表,总共需要出资1亿元,两人各出资总额5 000万元,总的出资比例各占50%。

表3.5 小张和小王共同出资的项目投资分配表

	第1年	第2年	第3年	合计	所占比例
小王出资额/万元	1 000	2 000	2 000	5 000	50%
小张出资额/万元	3 000	1 000	1 000	5 000	50%
合计/万元	4 000	3 000	3 000	10 000	100%

从表3.5来看,虽然他们各出资5 000万元,但他们每一年出资的比例是不一样的。

根据资金的时间价值,不同时点上的资金是不能直接相加减的,应该把不同时点发生的资金换算成同一时点的等值资金,然后再进行计算比较。

所以,这其实是一个不公平的投资分配问题。究竟怎样分配才公平呢?

在考虑资金时间价值的情况下,其不同时点发生的收入或支出是不能直接相加减的,而利用等值的概念,则可以把在不同时点发生的资金换算成同一时点的等值资金,然后再进行比较。因此它为评价人员提供了一个计算某一经济活动有效性或者进行技术方案比较、优选的可能性。所以,在技术经济分析中,技术方案比较都是采用等值的概念来进行分析、评价和选定的。

在小张和小王共同出资的项目中,虽然两人总的出资比例各占50%,但由于双方未重视各方的出资时间,因此在考虑了资金的时间价值后,双方的出资比例情况就不同了。我们来运用等值的概念计算出他们双方投资的现值,再来比较一下(表3.6)。

表 3.6 等值换算后小张和小王共同出资的项目投资分配表

	第 1 年	第 2 年	第 3 年	合计	所占比例
折现系数	0.909 1	0.826 4	0.751 3		
小王出资额	909.1	1 652.8	1 502.6	4 064.5	48.56%
小张出资额	2 727.3	826.4	751.3	4 305	51.44%
合计	3 636.4	2 479.2	2 253.9	8 369.5	100%

我们将双方每一年的投资额都等值转换到0时点,再累计相加。最后发现,在等值的情况下,小王的出资额只占48.56%,而小张的出资额达到了51.44%,因此这种出资安排有损小张的利益,必须重新做出安排。

这个案例也告诉我们:在共同投资的项目中,一般情况下,应坚持按比例同时出资,特殊情况下,不能按比例同时出资的,应进行资金等值换算。

在进行资金等值计算的时候,我们应该注意哪些问题呢?在实际技术经济分析中,多数情况下我们无法直接运用公式,因此有时要进行一定的变换后再计算。

在计算时,应该首先关注以下几点。

(1)判断已知和要求的变量是属于现值、终值还是年金,以此来判断是资金等值计算的哪种形式,会用到哪个公式。

(2)注意资金发生的时间,看是否能够直接运用等值公式和系数表,以此来判断与公式的建立条件是否相符,是否可以直接用公式。

(3)注意计息周期,若小于利率周期,应进行相应的转化。以此来判断名义利率与实际利率是否不等,然后进行相应的处理。

1. 应用

例 3.12 若年利率为10%,10年中每年年初都存入银行2 000元,则第10年年末的本利和为多少?

解 方法一:
$$F = 2\ 000 \times (F/P, 10\%, 10) + 2\ 000 \times (F/A, 10\%, 10) - 2\ 000 = 35\ 062(元)$$

方法二:
$$F = 2\ 000 \times (F/A, 10\%, 11) - 2\ 000 = 35\ 062(元)$$

方法三:
$$F = 2\ 000 \times (F/A, 10\%, 10) \times (F/P, 10\%, 1) = 35\ 062(元)$$

即第 10 年年末的本利和为 35 062 元。

例 3.13 某项目向银行贷款 500 万元,年利率为 8%,项目开工前获得贷款,建设期 2 年,项目建成后开始每年年末等额偿还贷款本利,5 年还清,则每年偿还本利多少?

解 方法一:
$$A = 500 \times (F/P, 8\%, 2) \times (A/P, 8\%, 5) = 146(万元)$$
方法二:
$$A = 500 \times (F/P, 8\%, 7) \times (A/F, 8\%, 5) = 146(万元)$$
即每年偿还本利为 146 万元。

若此例中其他条件不变,项目建成后开始每年年初等额偿还贷款本利,5 年还清,则每年偿还本利多少?

例 3.14 某项固定资产投资 40 000 元,预计可使用 10 年,届时残值 10 000 元,若年利率为 8%,则每年等额折旧额为多少?

解 该题是在考虑资金时间价值的情况下,计算固定资产的投资扣除残值后每年的等额折旧额,实际上就是已知现值和终值,求年值的问题。
$$A = 40\ 000 \times (A/P, 8\%, 10) - 10\ 000 \times (A/F, 8\%, 10) = 5\ 270(元)$$
即每年等额折旧额为 5 270 元。

例 3.15 某厂家想转让一台机器,一种收益方式是在今后 5 年里每年收到 15 000 元,随后又连续 5 年每年收到 10 000 元。另一种是对方一次性付款。在不考虑其他条件的情况下,要求年收益率为 10%,厂家愿意以多大的价格一次性出让这台机器?

解 从题意中我们可以看出,厂家若想对方一次性付款,那肯定是在年收益率为 10% 的情况下,一次性的价格大于分批付款的价格。

方法一:
$$P = 15\ 000 \times (P/A, 10\%, 5) + 10\ 000 \times (P/A, 10\%, 5) \times (P/F, 10\%, 5) = 80\ 403(元)$$
方法二:
$$P = 10\ 000 \times (P/A, 10\%, 10) + 5\ 000 \times (P/A, 10\%, 5) = 80\ 403(元)$$
方法三:
$$P = 15\ 000 \times (P/A, 10\%, 10) - 5\ 000 \times (P/A, 10\%, 5) \times (P/F, 10\%, 5) = 80\ 403(元)$$
即一次性出让的价格不低于 80 403 元,厂家愿意一次性出让这台机器。

例 3.16 甲公司打算购置一台设备,卖方提出 4 种付款方案,具体如下。

方案一:第 1 年年初付款 10 万元,从第 2 年开始,每年年末付款 28 万元,连续支付 5 次。

方案二:第 1 年年初付款 5 万元,从第 2 年开始,每年年初付款 24 万元,连续支付 6 次。

方案三:第 1 年年初付款 10 万元,以后每间隔半年付款一次,每次支付 15 万元,连续支付 8 次。

方案四:前 3 年不付款,后 6 年每年年初付款 30 万元。

假设按年计算的折现率为 8%,则该公司应该选哪种付款方案?

解 题目中没有要求在哪个时间点进行比较。通常我们会选择0时点作为比较的时间点。

方案一：
$$P = 10 + 28 \times (P/A, 8\%, 5) \times (P/F, 8\%, 1) = 113.52(万元)$$

方案二：
$$P = 5 + 24 \times (P/A, 8\%, 6) = 115.95(万元)$$

方案三：
半年利率为
$$\frac{8\%}{2} = 4\%$$
$$P = 10 + 15 \times (P/A, 4\%, 8) = 110.99(万元)$$

方案四：
$$P = 30 \times (P/A, 8\%, 6) \times (P/F, 8\%, 2) = 118.90(万元)$$

从4个方案的计算结果我们可以看出，经过等值比较后，方案三付款最少，所以该公司应该选择第三种方案。

2. 资金时间价值的其他复利计算

前面章节中的基本复利关系多数是以计息周期与收付周期相等为前提条件的。计息周期是用以表示计算利息的时间间隔单位。收付周期是指对资金收回或付出的时间间隔单位。

例 3.17 年利率为12%，每半年计息一次，从现在起，连续3年，每半年进行500元的等额支付，则与其等值的第3年年末的终值为多少？

解 该例中，每半年计息一次，即计息周期为半年；每半年进行500元的等额支付，即收付周期也为半年。具体计算如下

$$每计息周期的利率 i = \frac{12\%}{2} = 6\%$$
$$F = 500 \times (F/A, 6\%, 6) = 3\,487.5(元)$$

即与其等值的第3年年末的终值为3 487.5元。

3. 复利周期小于收付周期的计算

当计息周期小于收付周期时，计息周期期末不一定有支付，需要进行修改后才能采用相应的复利关系式。一般有两种处理方式：①按计息周期利率计算；②按收付周期实际利率计算。

例 3.18 年利率12%，每半年计息一次，从现在起连续3年的等额年末借款为1 000元，如图3.14所示。则与其等值的第3年年末的借款金额为多少？

解 该例中，计息周期为半年，收付周期为年。

方法一：按计息周期利率计算。采用一次支付的利息公式，将各笔收付资金折算到第3年年末。具体计算如下

$$半年利率 i = \frac{12\%}{2} = 6\%$$

第 3 章　资金的时间价值与等值计算

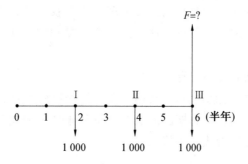

图 3.14　例 3.17 现金流量图

$$F = 1\,000 \times (F/P, 6\%, 4) + 1\,000 \times (F/P, 6\%, 2) + 1\,000 = 3\,386(元)$$

此方法的缺点是当资金分付的次数较多时，计算较烦琐。

方法二：按计息周期利率计算。将年末支付转换为等值的每半年末支付。再用等额多次支付利息公式计算 F 值。具体计算如下。

先求等值的半年付款 A[图 3.15(a)]

$$A = 1\,000 \times (A/F, 6\%, 2) = 485.4(元)$$

然后求 F[图 3.15(b)]

$$F = 485.4 \times (F/A, 6\%, 6) = 3\,386(元)$$

方法三：按收付周期实际利率计算。将计息期由半年换算为年，使计息周期与收付周期间隔相同，这样就将这种特殊情况变为一般的等额多次分付。

具体计算如下

$$实际年利率\ i_e = (1 + 6\%)^2 - 1 = 12.36\%$$
$$F = 1\,000 \times (F/A, 12.36\%, 3) = 3\,386(元)$$

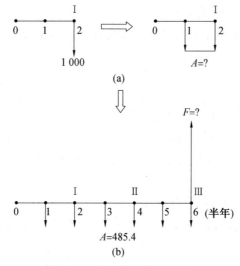

图 3.15　计息期换算示意图

4. 复利周期大于收付周期的计算

在经济活动中，除了复利周期小于收付周期的特殊情况，我们还会遇到复利周期大于收付周期的特殊情况,即在一个复利期里发生多次资金收付或者资金的收付不是发生在期末或期初,而是在中间的某个时点。这就需要考虑复利期中间的金额如何处理。通常的方法有以下 3 个。

(1)复利期内发生的金额不计息。

在银行和其他金融机构业务中,复利期中发生的存款在本期不计利息,而从本期末开始计息;但对于贷款业务则将计息期内的所有贷款从本期初开始计算利息。根据这个原则,图 3.16 和图 3.17 可以看成是等值的。

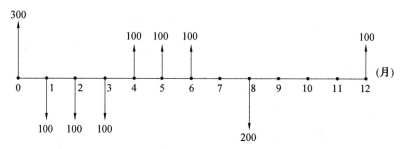

图 3.16　按月支付的现金流量图(复利周期为一个季度)

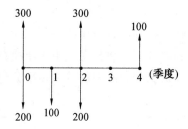

图 3.17　与图 3.16 等值的现金流量图(复利周期为一个季度)

(2)复利期内发生的金额按单利计息。

在复利期内发生的金额若按单利计息,则金额在该间断复利周期中所得到的利息应为

$$I = P\left(\frac{m}{n}\right)i \tag{3.16}$$

式中　P——该间断复利周期内计息的本金;

n——复利周期内的支付周期数;

m——本金发生时到该复利周期期末所包含的支付周期数;

i——复利周期的利率。

(3)复利期内发生的金额按复利计息。

在复利期内发生的金额若按复利计息,则金额在该间断复利周期中所得到的利息应为

$$I = F - P = P(1+i)^{\frac{m}{n}} - P \tag{3.17}$$

3.6 还款方式的选择

案例：该选择哪种还款方式呢？

小张买房时在银行办理了一笔 100 万元的房贷，贷款期限为 20 年，在填写贷款申请表时，小张发现在还款方式选择栏里有两个备选项，分别是等额本金还款和等额本息还款。通过咨询相关人员，小张明白这两种方式每月还款的金额是不一样的，每个申请贷款的人可以根据自己的实际情况选择适合自己的还款方式。

但是小张对这两种还款方式还不是很了解，也不知道如何选择，到底哪种还款方式比较好呢？这些不同的还款方式究竟有什么区别呢？

1. 等额本息和等额本金

贷款的还款方式中，最常见的两种就是等额本息和等额本金。等额本息还款，是指借款人每月以相等的金额偿还贷款本息，也就是每月等额还款。等额本金还款，是指借款人每月等额偿还本金，贷款利息随本金每月递减，因此还款额也每月递减，也就是逐月递减还款。

例 3.19 贷款总额为 60 万元，贷款期数为 10 年，也就是 120 期，贷款利率为 4.9%。计算每月还款金额。

解 如果采用的是等额本息的还款方式，实际上就把问题转换成资金等额换算中的已知现值求年值的问题。

具体计算如下

$$r = 4.9\%$$

$$月利率\ i = 4.9\%/12 = 0.408\ 3\%$$

$$A = 60 \times (A/P, 0.408\ 3\%, 120) = 6\ 334.64(元)$$

如果采用的是等额本金的还款方式，则为每月等额偿还本金，每月偿还利息随着本金的偿还在不断递减。

具体计算如下

$$r = 4.9\%$$

$$月利率\ i = \frac{4.9\%}{12} = 0.408\ 3\%$$

每月偿还本金金额：$600\ 000/120 = 5\ 000$(元)

第 1 个月偿还本利和：$600\ 000 \times 0.408\ 3\% + 5\ 000 = 7\ 450$(元)

第 2 个月偿还本利和：$(600\ 000 - 5\ 000) \times 0.408\ 3\% + 5\ 000 = 7\ 429.58$(元)

第 3 个月偿还本利和：$(600\ 000 - 5\ 000 \times 2) \times 0.408\ 3\% + 5\ 000 = 7\ 409.17$(元)

......

第 118 个月偿还本利和：$(600\ 000 - 5\ 000 \times 117) \times 0.408\ 3\% + 5\ 000 = 5\ 061.25$(元)

第 119 个月偿还本利和：$(600\ 000 - 5\ 000 \times 118) \times 0.408\ 3\% + 5\ 000 = 5\ 040.83$(元)

第 120 个月偿还本利和：$(600\,000-5\,000\times119)\times0.408\,3\%+5\,000=5\,020.42$（元）

从表 3.7、3.8 中可以看到，等额本息每月还款数额都一样。其中，还款本金每月在不断递增，还款利息每月在不断递减，总的还款本利和数额不变。而等额本金每月的还款本金一样，还款利息每月在不断递减，总的还款本利和也在不断递减。

表 3.7　等额本息还款方式的前 5 个月还款情况　　　　　　单位：元

等额本息	1月	2月	3月	4月	5月
月初贷款余额	600 000	596 115.36	592 214.86	588 298.43	584 366.01
月末还款	6 334.64	6 334.64	6 334.64	6 334.64	6 334.64
其中：本金	3 884.64	3 900.50	3 916.43	3 932.42	3 948.48
利息	2 450	2 434.14	2 418.21	2 402.22	2 386.16

表 3.8　等额本金还款方式的前 5 个月还款情况　　　　　　单位：元

等额本金	1月	2月	3月	4月	5月
月初贷款余额	600 000	595 000	59 000	585 000	580 000
月末还款	7 450	7 429.58	7 409.17	7 388.75	7 368.33
其中：本金	5 000	5 000	5 000	5 000	5 000
利息	2 450	2 429.58	2 409.17	2 388.75	2 368.33

2. 一次本金和一次本息

在短期贷款的时候，还可以选择一次本金和一次本息的还款方式。一般针对一年或一年内的短期贷款。一次本金指的是每月只偿还利息，到期一次性偿还本金；而一次本息指的是利息和本金都是最终一次性偿还。

例 3.20　贷款 60 万元，假如贷款期限是 1 年，贷款利率为 4.9%。试用一次本金和一次本息的还款方式计算每月还款金额。

解　如果选择一次本金还款，因为每月只偿还利息，所以未偿还的本金也就是计息基数一直都是 60 万元。

具体计算如下

$$r=4.9\%$$

$$月利率\ i=4.9\%/12=0.408\,3\%$$

1～11 月，每月仅偿还利息：$600\,000\times0.408\,3\%=2\,450$（元）

12 月，偿还利息加本金：$2\,450+600\,000=602\,450$（元）

偿还利息总额为：$2\,450\times12=29\,400$ 元

如果选择一次本息还款，就相当于转换成已知现值求终值的问题。

具体计算如下

$$r=4.9\%$$

$$月利率\ i=4.9\%/12=0.408\,3\%$$

$$F=600\,000(F/P,0.408\,3\%,12)=630\,069.35(元)$$

总共偿还利息:30 069.35元

从表3.9、3.10中可以看出,一次本息比一次本金总共要偿还的利息总数多,这是因为一次本息前面都没有偿还任何本金和利息,而一次本金前面每月已经偿还了当月利息,因此这两种方式同样没有好坏之分,借款人可根据自己的实际情况选择适合自己的还款方式。

长期贷款中,等额本金和等额本息是常见的两种还款方式;而在短期贷款中,也可以选择一次本金和一次本息还款方式。这4种还款方式虽然最终所偿还的总金额不一样,但实际上它们没有好坏之分,每一期的还款利息都是根据期初剩余还款本金来计算的,前面还的本金越多,后面所还利息自然就会少,所以选择什么样的还款方式取决于自己的经济承受能力和资金的分配能力,根据实际情况做好理智的判断,选择适合自己的还款方式。

表3.9 一次本金还款方式的还款情况   单位:元

一次本金	1月	2月	3月	……	12月
月初贷款余额	600 000	600 000	600 000	600 000	600 000
月末还款	2 450	2 450	2 450	2 450	602 450
其中:本金	0	0	0	0	600 000
利息	2 450	2 450	2 450	2 450	2 450

表3.10 一次本息还款方式的还款情况   单位:元

一次本息	1月	2月	3月	……	12月
月初贷款余额	600 000	602 450	604 910	……	627 507.03
月末还款	0	0	0	0	630 069.35
其中:本金	0	0	0	0	600 000
利息	0	0	0	0	30 069.35

提前还款也是现在比较常见的一种还款方式,也就是借款人在约定的还款期限内提前将剩余贷款全部或者部分还清。

请大家思考一下问题:假如前面例子中借款人选择了等额本息还款方式,贷款利率为4.9%。每月还款6 334.64元,已经还了5年,剩下的还款期限还有5年。打算现在一次性还清剩余贷款,应支付多少钱?

3.7 收益率的计算及插值法的使用

案例:商家会吃亏吗?

每年的6·18、双11购物节,很多商家都会推出各种福利折扣,并且推出各种分期付款的方式,选择多,利息少,看起来非常划算。

但实际上,商家更懂得利用资金的时间价值,这些分期付款虽然表面上看起来利息少，但商家的隐藏收益其实是很高的。

"先消费，后付款，还不上，就分期"，这可算是当下消费的流行模式。如今各式各样的付款方式，一方面给我们的生活提供了方便，另一方面也会给我们带来购物划算的误导，造成很多人盲目消费、过度消费。

那这些看起来非常划算的分期付款真实的收益率到底是多少呢？下面通过一个例题来计算一下。

例 3.21 这是一张购物付款的订单，如图 3.18 所示。这件商品的价格是 549 元，我们可以看到采用 3 期付款的方式，每个月支付 187.2 元。那这样一个订单卖家真实的收益率到底是多少呢？

实付款	￥549.00
订单信息	查看更多 ∨
分期：	￥187.20X3期(含手续费4.20元/期)
积分：	获得274点积分
交易快照	发生交易争议时，可作为判断依据 ＞

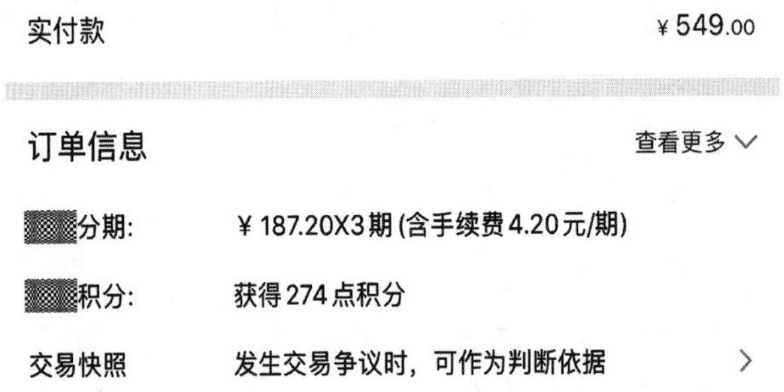

图 3.18 分期付款购物订单

解 我们来把这个问题简化一下，商家出售商品，价格 549 元，买家购买了这件商品，但暂时没有付钱，可以认为是卖家投资了一笔资金 549 元给买家，在后面的 3 个月中，买家每个月月末还给商家 187.20 元。这就相当于卖家期初投出去的 549 元，在后 3 个月有了收益，每个月收回 187.20 元。

通过资金的等值换算，可以列式
$$187.20 \times (P/A, i, 3) = 549$$
$$(P/A, i, 3) = 2.9326$$
$$i = ?$$

可以用插值法来计算。通过查复利系数表，可以得出

$i = 1\%$ 时
$$(P/A, 1\%, 3) = 2.941$$

$i = 2\%$ 时
$$(P/A, 2\%, 3) = 2.884$$

那么系数 2.9326 对应的利率应该是在 1% 到 2% 之间，如图 3.19 所示。根据插值法中相似三角形对应边比例相等公式

$$\frac{i - 1\%}{2\% - 1\%} = \frac{2.941 - 2.9326}{2.941 - 2.884}$$
$$i = 1.147\%$$

把月利率转换成年实际利率，结果为 14.612%。

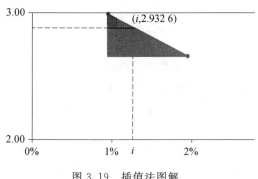

图 3.19 插值法图解

本章小结

本章内容是围绕资金的时间价值原理展开的。资金运动的规律是资金的价值随时间的变化而变化,不同时间发生的等额资金在价值上的差别称为资金的时间价值。通过对资金时间价值的定义、产生条件、影响因素、衡量尺度等内容的阐述,使读者对资金的时间价值有一个初步的认识。然后从利息和利率两方面着手,介绍利息的不同计算形式和利率的不同分类,再将这些基础知识运用到资金的等值计算中,通过了解日常最基本的 6 个等值形式,掌握资金的等值计算过程。最后是资金等值计算的具体应用,资金的时间价值原理广泛运用于日常的经济活动、财务管理、投资决策、资产评估等方面,本章从日常生活中比较常见的一些经济活动中分析资金时间价值在等值计算中的具体应用。

本章思维导图

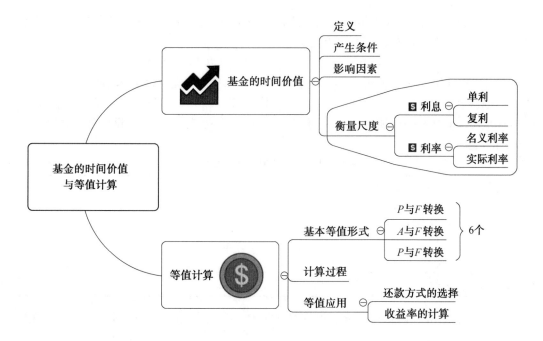

本章习题

1. 在日常投资活动中,有哪些是单利计息的?哪些是复利计息的?请各举出一例。
2. 判断:资金回收公式中的现值与第一期的等额年值发生在同一时间。(　　)
3. 判断:影响资金等值的因素有资金的流向、流量以及利率。(　　)
4. 判断:若一年中复利计息的次数大于1,则年实际利率高于其名义利率。(　　)
5. 公式 $A=F(A/F,i,n)$ 中的 F 应发生在(　　)。
   A. 第一期等额支付的前一期　　　　B. 与最后一期等额支付相同
   C. 与第一期等额支付时刻相同　　　D. 任何时刻
6. 公式 $A=P(A/P,i,n)$ 中的 P 应发生在(　　)。
   A. 第一期等额支付的前一期　　　　B. 与最后一期等额支付相同
   C. 与第一期等额支付时刻相同　　　D. 任何时刻
7. 某企业面对金融机构提出的4种存款条件,相关数据见表3.9,最有利的选择是(　　)。

表3.9　4种存款条件相关数据表

存款条件	年计息次数	年名义利率
条件一	1	5%
条件二	2	4%
条件三	4	3%
条件四	12	2%

　　A. 条件一　　B. 条件二　　C. 条件三　　D. 条件四

8. 某企业从银行借入1年期的短期借款500万元,年利率12%,按季度计算并支付利息,则每季度需支付利息(　　)万元。
   A. 15.00　　B. 15.15　　C. 15.69　　D. 20.00
9. 按照净现值的计算公式,当各年现金流量不变,而折现率提高时,净现值应该(　　)。
   A. 增大　　B. 减少　　C. 不变　　D. 在一定范围内波动
10. 某人拟投资一个项目,该项目有4个备选方案,见表3.10。该投资者选择哪一个方案最合适?

表3.10　4个备选方案各年投资比例表

备选方案	第1年	第2年	第3年	合计
方案一	50%	40%	10%	100%
方案二	40%	40%	20%	100%
方案三	30%	40%	30%	100%
方案四	10%	40%	50%	100%

11. 某人拟10年内每年年末从银行取款5 000元,年利率为10%,现应存入多少钱?

12. 若年利率是 8%,10 年中每年年初都存入银行 1 000 元,则到第 10 年年末的本利和为多少?

13. 某人借款 10 万元,年利率是 20%,半年计息一次,则一年后需偿还本利和多少?

14. 某项目向银行贷款 1 000 万元,年利率是 8%,项目开工前获得贷款,建设期 3 年,项目建成后开始每年年末等额偿还贷款本利,10 年还清。
 (1)每年偿还本利和多少?
 (2)若其他条件不变,项目建成后开始每年年初等额偿还贷款本利,10 年还清,则每年偿还本利和多少?

15. 某投资者拟购买一处房产,开发商提出了如下 3 种付款方案。
 (1)现在起 15 年内每年年末支付 10 万元。
 (2)现在起 15 年内每年年初支付 9.5 万元。
 (3)前 5 年不支付,第 6 年起到第 15 年每年年末支付 18 万元。
 假设按银行贷款利率 10% 复利计息,若采用终值方式,则哪一种付款方式对购买者有利?

16. 某公司拟购置一处房产,房主提出如下 3 种付款方案。
 (1)从现在起,每年年初支付 20 万元,连续支付 10 次,共 200 万元。
 (2)从第 5 年开始,每年年末支付 25 万元,连续支付 10 次,共 250 万元。
 (3)从第 5 年开始,每年年初支付 24 万元,连续支付 10 次,共 240 万元。
 假设该公司的资产回报率是为 10%,则该公司应该选择哪种方案?

17. 某企业获得一笔 10 万元的贷款,偿还期为 5 年,按年利率 8% 计复利,有以下 4 种还款方式,试计算各还款方式所付出的总金额。
 已知:$(F/P,8\%,5)=1.469$;$(A/P,8\%,5)=0.250\ 5$。
 (1)每年年末只偿还所欠利息,第 5 年年末一次还清本金。
 (2)第 5 年年末一次还清本息。
 (3)在 5 年年中每年年末等额偿还。
 (4)每年年末等额偿还本金,并付清当年的全部利息。

18. 某投资者 5 年前以 200 万元价格买入一房产,在过去的 5 年内每年获得现金收益 25 万元,现在该房产能以 250 万元出售。若投资者要求的年收益率为 20%,则此项投资是否合算?

19. 某人为女儿上大学筹措资金,从女儿 8 岁生日开始每年生日存入 5 000 元,年利率 10%,直至女儿 17 岁生日,所有储蓄准备用于 18、19、20、21 岁生日时等额取出作为大学当年的生活费用。则女儿大学期间可取得的年生活费是多少?

20. 年利率 12%,每半年计息一次,从现在起连续 5 年的等额年末存款为 2 000 元,则与其等值的第 5 年年末的存款金额为多少?

第 2 篇　经济效果评价

国家发展改革委与建设部发布的《建设项目经济评价方法与参数》(第三版)总则中提出:建设项目经济评价是项目前期研究工作的重要内容,应根据国民经济与社会发展以及行业、地区发展规划的要求,在项目初步方案的基础上,采用科学、规范的分析方法,对拟建项目的财务可行性和经济合理性进行分析论证,做出全面评价,为项目的科学决策提供经济方面的依据。

建设项目经济评价方法适用于各类建设项目前期研究工作(包括规划、机会研究、项目建议书、可行性研究阶段),项目中间评价和后评价可参照使用。

建设项目经济评价是建设项目决策的重要依据,对于提高建设项目决策的科学化水平、引导和促进各类资源的合理有效配置、优化投资结构、充分发挥投资效益具有重要作用。

第 4 章　经济效果评价指标与方法

本章内容是围绕着技术方案经济效果评价展开的。主要包括两部分内容:第一部分主要介绍技术方案经济效果评价所需要的评价指标,从指标的经济含义、计算、评判标准、具体应用几方面对每个指标进行详细说明。第二部分主要根据不同结构类型介绍各种评价指标和评价方法的应用。主要介绍常见的几种不同结构类型的方案,这些不同类型的方案在指标和评价方法上应如何选择,以及对最终的评价结果应如何分析。本章内容是整个技术经济分析的核心,引导读者熟练地掌握并运用各个评价指标,在技术方案经济效果评价时,能根据方案的类型和所处的条件选择正确的评价方法和合适的评价指标,从而客观地反映出评价方案的经济效果。

要想对项目的经济效果做出评价,首先要认识经济效果评价的指标与方法,才能规范项目经济评价工作,保证经济评价的质量,提高项目决策的科学化水平。

为了让读者更迅速地了解并掌握经济效果评价指标与方法,本章引入案例"小张投资记",通过对小张的一系列投资活动进行分析,展现经济效果评价中的评价指标与评价方法。

4.1　经济效果评价指标

小张最近想投资一个项目,根据前期基础数据的测算结果,这个项目期初需一次性投资 300 万元,项目整个寿命期为 5 年,年销售收入为 150 万元,年经营成本 60 万元,寿命期结束后还能回收残值 60 万元,他不知道这个项目该不该投资。很明显,对于一个投资者来说,投资的目标就是为了能够盈利,那么这个项目到底盈利能力如何呢?

带着这个问题,我们先来学习在技术经济分析中对投资项目进行动态评价的最重要指标之一——净现值。

1. 净现值(NPV)

该指标要求考察项目寿命期内每年发生的净现金流量,是一个反映技术方案在计算期内盈利能力的动态评价指标。

(1)净现值的含义。

净现值指的是按一定的折现率将方案计算期内各时点的净现金流量折现到计算期初的现值累加之和。

用公式表示为

$$\mathrm{NPV} = \sum_{t=0}^{n} (\mathrm{CI} - \mathrm{CO})_t (1 + i_0)^{-t} \qquad (4.1)$$

式中 NPV——净现值;

$(\mathrm{CI}-\mathrm{CO})_t$——技术方案第 t 年的净现金流量,即现金流入减去现金流出;

n——技术方案的寿命年限(或计算期);

i_0——基准折现率或基准收益率。

基准折现率,也称基准收益率,指的是企业或行业投资者以动态的观点所确定的、可接受的技术方案最低标准的收益水平,在本质上体现了投资决策者对技术方案资金时间价值的判断和对技术方案风险程度的评估,是投资资金应当获得的最低盈利水平,也可以理解成投资者对投资回报率的最低要求。

通过式(4.1),可以根据已知条件计算出技术方案的净现值。

例 4.1 针对小张想投资的项目(表 4.1、图 4.1),若测定基准收益率为 10%,则该项目的净现值为多少?

表 4.1 小张拟投资项目的基本情况表

投资(K)	寿命期	销售收入(B)	经营成本(C)	残值(SV)
300 万元	5 年	150 万元	60 万元	60 万元

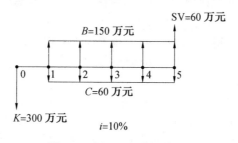

图 4.1 例 4.1 现金流量图

解 根据式(4.1),把计算期内各时点的净现金流量(表 4.2)等值转换到 0 时点再进行累计相加。

$$NPV = -300 + (150-60)(P/A,10\%,5) + 60(P/F,10\%,5) = 78.4(万元)$$

即得出净现值为 78.4 万元。

表 4.2　小张拟投资项目的现金流量表　　　　　　　　　　单位：万元

年份	0	1	2	3	4	5
现金流入		150	150	150	150	150+60
现金流出	300	60	60	60	60	60
净现金流量	-300	90	90	90	90	150

(2) 净现值指标的评判标准。

① 净现值大于 0 时，项目不仅达到了投资者的最低获利要求，而且还有了附加收益，是可以接受的。

② 净现值等于 0 时，项目刚好达到了投资者最低要求的收益水平，也是可以接受的。

③ 净现值小于 0 时，则表示项目的收益水平并没有达到投资者的最低获利要求，那么对于投资者来说，这项投资则是不可行的，是应予拒绝的。需要注意的是，净现值小于 0，只是表示项目获利能力低于贴现率，即低于资本的最低获利要求，但并不一定代表项目是亏损的。

由此可以总结出净现值指标的评判标准。

① 当 NPV≥0 时，项目可行，可以考虑接受。

② 当 NPV<0 时，则不可行，应予拒绝。

通过分析，我们可以告诉小张，他想投资的这个项目是可行的，可以考虑接受。

例 4.2　某企业拟投资一台新设备，初始投资为 10 000 元，寿命期为 5 年，期末残值为 0。该设备在前 3 年每年净收益为 4 000 元，后 2 年每年净收益为 3 000 元。已知基准折现率为 10%，求净现值并分析该设备投资的可行性。

解　根据式(4.1)可得

$$NPV = -10\,000 + 4\,000 \times (P/A,10\%,3) + 3\,000 \times (P/A,10\%,2) \times (P/F,10\%,3)$$
$$= 3\,860.77(元) > 0$$

即投资该设备的净现值为 3 860.77 元，大于 0，是可行的，该设备可以考虑投资。

(3) 净现值指标的优点。

① 净现值作为技术方案评价的一个重要指标，它的优点是计算较简便，考虑了资金的时间价值；考虑了项目整个寿命期内的现金流入流出情况。

② 净现值是一个绝对指标，反映了投资项目对企业财富的绝对贡献，与企业追求利润最大化的目标是一致的。因此在多方案的比选中，净现值最大化准则是合理的。

(4) 净现值指标的缺点。

① 首先计算净现值需要预先给定折现率，这便给项目决策带来了困难。

从净现值函数曲线可以看出：随着 i_0 取值的增大，净现值越来越小，当曲线到达和横轴的交点时，净现值等于 0。当这条曲线通过这个交点再往后延伸，净现值就变成了负数，此时项目不可行。如图 4.2 所示。

因此，在使用净现值这个指标时，基准折现率的界定很困难，若折现率定得略高，可行的项目就可能被否定；反之，折现率定得过低，不合理的项目就可能被选中。由此可见，净现值法的运用,折现率 i_0 对方案的取舍影响很大,必须对折现率 i_0 有较为客观的估计。

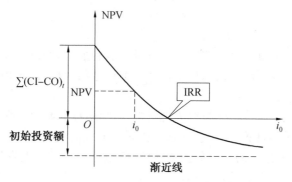

图 4.2 净现值函数曲线图

②在对多个方案进行比选择优时,净现值指标也有使用缺陷。

一是净现值没有考虑各方案投资额的大小,因而不能直接反映资金的利用效率,因此当方案间的初始投资额相差较大时,为了考察资金的利用效率,则要采用其他的指标来评价。此时可以用净现值指数(NPVI)这个指标来解决。

二是对于寿命期不同的技术方案,也不宜直接使用净现值(NPV)指标评价。此时可以用净年值(NAV)这个指标来解决。

2. 净现值指数(NPVI)

由于投资额往往是有限的,如果投资者很重视项目的投资效果,就要依据每单位投资的盈利性来衡量投资方案。

如表 4.3 中,A 方案投资 10 万元,5 年的净现值是 20 万元;B 方案投资 100 万元,5 年的净现值是 22 万元。虽然 B 方案的净现值比 A 方案的净现值大,但 B 方案的初始投资也是比 A 方案要多得多,因此从资金的利用效率来看,A 方案中资金的利用效率更好。而净现值指数就是反映资金利用效率的指标。

表 4.3 方案投资表

方案	投资	寿命期	净现值
A	10 万元	5 年	20 万元
B	100 万元	5 年	22 万元

净现值指数又称净现值率,是按设定折现率求得的方案计算期的净现值与其全部投资现值的比率。一般情况下,净现值指数定义的表达式为

$$NPVI = \frac{NPV}{I_p} \tag{4.2}$$

式中 NPVI——净现值指数;

NPV——净现值;

I_p——技术方案投资现值之和。

净现值指数是表示单位投资现值所取得的净现值额,也就是单位投资现值所获取的超额净效益。

对方案自身经济效果进行评价时,净现值指数法的判别准则如下。

(1) 当 NPVI≥0 时,方案可行,可以考虑接受。

(2) 当 NPVI<0 时,方案不可行,应予拒绝。

净现值反映的是在整个寿命期中全部投资的盈利能力;净现值指数反映的是在整个寿命期中单位投资的盈利能力。那如果在多方案比选的时候,净现值和净现值指数所分析的结果不一致时怎么选择呢?

此时就要根据投资者的实际情况来进行选择,如果投资者手上资金充足,并且投资者追求的是利润最大化的目的,那么就可以选择净现值大的投资方案。如果投资者手上的资金有限,并且投资者追求的是单位投资效益,希望每一分钱都能发挥最大的作用,那么就可以选择净现值指数大的投资方案。

例 4.3 现有两种方案可供选择,方案 A 的投资为 9 000 万元,方案 B 的投资为 14 500 万元,寿命期都为 5 年,要求收益率必须达到 12%。两方案每年可带来的净收入见表 4.4,试用净现值和净现值指数指标分别对这两种方案做出选择。

表 4.4 方案 A、B 净现金流量表   单位:万元

年份	0	1	2	3	4	5
方案 A	−9 000	3 400	3 400	3 400	3 400	3 400
方案 B	−14 500	5 200	5 200	5 200	5 200	5 200

解 分别计算出两个方案的净现值,得到

$$\mathrm{NPV_A} = -9\ 000 + 3\ 400 \times (P/A, 10\%, 5) = 3\ 256.24(万元)$$

$$\mathrm{NPV_B} = -14\ 500 + 5\ 200 \times (P/A, 10\%, 5) = 4\ 244.84(万元)$$

分别计算出两个方案的净现值指数,得到

$$\mathrm{NPVI_A} = 3\ 256.24/9\ 000 = 0.361\ 8$$

$$\mathrm{NPVI_B} = 4\ 244.84/14\ 500 = 0.292\ 7$$

从计算结果可以看出,两方案的净现值和净现值指数都是正值,因此都满足可以接受的最低收益率要求。

方案 B 的净现值大于方案 A 的净现值,如果投资者手上资金充足,并且投资者追求的是利润最大化的目的,那么就可以选择净现值大的 B 投资方案。

方案 A 的净现值指数大于方案 B 的净现值指数,如果投资者手上的资金有限,并且投资者追求的是单位投资效益,那么就可以选择净现值指数大的 A 投资方案。

3. 净年值(NAV)

针对寿命期不同的多方案比选,不宜直接使用净现值指标评价这个问题,净现值反映的是项目整个寿命期里整体的盈利能力,如果比较的方案寿命期不等,则直接用净现值比较毫无意义。

比如 A 用 3 年获得的收益和 B 用 2 年获得的收益进行比较,没有可比性,只有转换成相同的比较年限,才有比较的意义。

如表 4.5,A 方案 3 年净现值 12 万元,B 方案 2 年净现值 10 万元,A 方案的净现值大于 B 方案的净现值,但我们无法采用净现值最大化准则来选择 A 方案,因为两个方案比较的基础不一样,一个是 3 年,一个是 2 年。此时可以用净年值(NAV)这个指标来解决。

表 4.5 方案投资表

方案	寿命期	净现值
A	3 年	12 万元
B	2 年	10 万元

净年值反映的是方案寿命期内的净现值用复利方法平均分摊到各个年度而得到的等额年盈利额。它的计算公式表示为净现值等值转换到每一年的数值。

一般情况下,净年值定义的表达式为

$$\mathrm{NAV} = \mathrm{NPV}(A/P, i_0, n) = \sum (\mathrm{CI} - \mathrm{CO})_t (1+i_0)^{-t} \times (A/P, i_0, n) \quad (4.3)$$

这样,对于寿命期不同的技术方案比选,就可以选择净年值这个指标,反映的都是每个方案平均每一年的等额年盈利额,用来比较的时间长短就一样了。

对于每个方案自身的经济效果,净现值的评判标准如下。

(1) $\mathrm{NAV} \geqslant 0$,方案可行。

(2) $\mathrm{NAV} < 0$,方案不可行。

对于多个方案的比选,净年值非负且最大的方案最优。

例 4.4 对于表 4.5 中的方案 A 和方案 B,若 $i_0 = 10\%$,试比较两个方案的优劣。

解 方案 A 和方案 B 和寿命期不同,因此不宜直接选择净现值进行比较,此时可以使用净年值指标来进行比较,根据题意及式(4.3),具体计算如下

$$\mathrm{NAV}_A = \mathrm{NPV}_A(A/P, 10\%, 3) = 12 \times 0.4021 = 4.825 (万元)$$

$$\mathrm{NAV}_B = \mathrm{NPV}_B(A/P, 10\%, 2) = 10 \times 0.5762 = 5.762 (万元)$$

因为 $\mathrm{NAV}_A > 0$,$\mathrm{NAV}_B > 0$,且 $\mathrm{NAV}_B > \mathrm{NAV}_A$,所以 B 方案优于 A 方案,如果要择优投资,应该选择 B 方案。

关于净年值的计算,如果项目的寿命期内净现金流量有一定的规律,也不一定需要按照公式先计算出净现值,再将净现值等值转换成净年值。

例 4.5 已知两个方案数据如表 4.6 所示,利率为 8%,试选择最佳方案。

表 4.6 方案投资数据表　　　　　　　　　　　　　　　　单位:元

方案	投资	寿命期	年销售收入	年经营成本	残值
A	10 000	5 年	5 000	2 200	2 000
B	15 000	10 年	6 000	3 300	0

解 从表 4.6 中可以看到,A 和 B 两个方案的寿命周期不同,不能直接用 NPV 进行比选,可以选择 NAV 这个指标来比选。

从 A 方案的现金流量图(图 4.3)可以发现寿命期第 1 年到第 5 年年末的净现金流量为 2 800 元,已知年值。

这里只要将投资和残值这两个单笔资金等值转换到每一年年末就可以了。

所以方案 A 的净年值为

$$\mathrm{NAV}_A = -10\,000 \times (A/P, 8\%, 5) + 2\,800 \times (A/F, 8\%, 5) = 636.32 (元)$$

根据 B 方案的现金流量图(图 4.4),同样可以算出 B 方案的净年值为

$$\mathrm{NAV}_B = -15\,000 (A/P, 8\%, 5) + 2\,800 \times (A/F, 8\%, 5) = 465 (元)$$

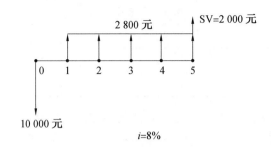

图 4.3　A 方案的现金流量图

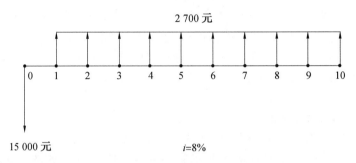

图 4.4　B 方案的现金流量图

通过比较可以看出,两个方案都是可行的,但 A 方案要优于 B 方案,如果要选择其中的一个,那么应该选择 A 方案。

4. 费用现值(PC)和费用年值(AC)

小张想投资一个项目,这个项目有两个技术方案可以选择,这两个方案都可行并且能够满足同样的需求,A 方案投资少,寿命期结束后还有一笔残值(表 4.7),但年经营成本高,寿命期短;B 方案年经营成本低,寿命期长,但投资多且无残值。既然两个方案能满足同样的需求,小张当然希望选花钱少的方案,究竟应该怎么选呢?

表 4.7　小张拟投资方案 A、B 数据表

方案	投资	年经营费用	残值	使用寿命	收益率
A	3 000	2 000	500	3 年	15%
B	4 000	1 600	0	5 年	15%

从表 4.7 可以发现,这两个方案寿命期不同,寿命期不同的方案比选,不能直接用净现值,那么是不是可以用净年值来进行比选呢?

用净年值试一试会发现,无法得出方案各个时点的净现金流量,因此无法计算出净年值。由此引出关于费用现值和费用年值的使用。在投资方案的技术经济分析过程中,有时会遇到这种情况,在对多个方案比较选优时,各方案产出价值相同,或者各方案能够满足同样需要,但其产出效益难以用货币计量,因为各方案的收益无法用具体的数值表示,因此无法计算出方案各时点的净现金流量,所以也就无法采用净现值或净年值指标来评价。但各个方案的产出是相等的,因此只要考察各方案的投入来进行方案比较,此时就需要选用费用现值 PC 或费用年值 AC 来对各方案进行比选。费用现值或费用年值考察的则是方案的投入,也就是现金流出项。各方案在能够获得相同产出的情况下,只需比较它

们的投入就可以了。

费用现值 PC 的定义式为

$$PC = \sum_{t=0}^{n} CO_t (1+i_0)^{-t} \tag{4.4}$$

费用年值 AC 的定义式为

$$AC = \sum_{t=0}^{n} CO_t (1+i_0)^{-t} \times (A/P, i_0, n) = PC \times (A/P, i_0, n) \tag{4.5}$$

从式(4.4)和式(4.5)可以看出:这里是将方案的各时点上现金流出 CO 进行等值计算,而净现值和净年值是将方案的各时点上净现金流量 CI－CO 进行等值计算。

$$NAV = NPV(A/P, i_0, n) = \sum (CI - CO)_t (1+i_0)^{-t} \times (A/P, i_0, n) \tag{4.6}$$

因为费用类指标没有自己的评判标准,无法对单个方案的优劣进行评价。所以,关于费用现值和费用年值的使用,有以下几点说明。

(1)费用现值和费用年值的使用,是建立在假设基础上的:假定参与评价的各个方案是可行的。

(2)适用于方案的产出价值相同,或者诸方案能够满足同样需要但其产出效益难以用货币计量。

(3)费用现值和费用年值指标只能用于多个方案的比选,不能用于单个方案评价。因为对于方案自身经济效果的评价,费用现值和费用年值是没有评判标准的。

(4)对于多个方案的比选,其判别准则是:费用现值或费用年值最小的方案为优。

(5)至于是选择费用现值还是费用年值,可根据比选方案的寿命周期是否相同来决定。

例 4.6 针对小张的困惑,从给定的方案条件可以得出应该采用费用年值这个指标来帮他进行选择。

解 首先要计算出这两个方案的费用年值。

A 方案的费用年值

$AC_A = 3\ 000(A/P, 15\%, 3) + 2\ 000 - 500(A/F, 15\%, 3) = 3\ 170(元)$

B 方案的费用年值

$AC_B = 4\ 000(A/P, 15\%, 5) + 1\ 600 = 2\ 793(元)$

通过计算比较可以发现,B 方案的费用年值小于 A 方案的费用年值,因此 B 方案是优于 A 方案的,应该选择 B 方案。

对净现值和净年值以及费用现值和费用年值这两组指标,在选择的时候应遵循以下条件。

一般情况下,在对多个方案进行比较时,如果能够计算出各方案的净现金流量,则可以用净现值或净年值指标来进行比选;再通过比较寿命期是不是相同来决定是选择净现值还是净年值。

如果各方案的现金流入无法量化但相等,而现金流出可以量化,则可以用费用现值或费用年值指标来进行比选;再通过比较寿命期是不是相同来决定是选择费用现值还是费用年值。

选择好合适的指标后,在计算的时候还要注意两点:一是计算过程中的正负号;二是残值的处理。

5. 内部收益率(IRR)

内部收益率(IRR)又称内部报酬率。它也是对项目进行盈利能力分析时采用的指标之一。这里所说的内部收益率指标是针对常规现金流量的技术方案,也就是在计算期内,开始时有支出而后才有收益,且方案的净现金流量序列的符号只改变一次。如图4.5所示。

图 4.5 常规性项目的现金流量图

常规现金流量的技术方案内部收益率有唯一解。而针对非常规现金流量的技术方案,它的内部收益率可能不存在或存在多个解,后面会单独提出。

简单来说,内部收益率就是净现值为零时的折现率,也就是项目在整个计算期内各年净现金流量的现值累计等于零时的折现率。净现值的公式为

$$\mathrm{NPV} = \sum_{t=0}^{n} (\mathrm{CI} - \mathrm{CO})_t (1+i_0)^{-t}$$

当净现值等于 0 时,利率 i_0 就是内部收益率 IRR

$$\mathrm{NPV} = \sum_{t=0}^{n} (\mathrm{CI} - \mathrm{CO})_t (1+\mathrm{IRR})^{-t} = 0$$

由此也可以得出内部收益率的定义式为

$$\sum_{t=0}^{n} (\mathrm{CI} - \mathrm{CO})_t (1+\mathrm{IRR})^{-t} = 0 \tag{4.7}$$

净现值函数曲线图如图4.6所示。

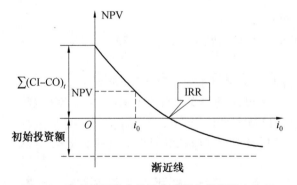

图 4.6 净现值函数曲线图中内部收益率所在位置

由图4.6可以看到,随着折现率 i_0 的不断增大,净现值 NPV 不断减小,当折现率增至 IRR 时,项目净现值为 0。IRR 就是内部收益率。

内部收益率的定义式(式 4.7)是一个高次方程,不容易直接求解。因此通常采用"试算插值法"求 IRR 的近似解。

试算插值法,主要分两个步骤。

第一步是试算法：先给出一个折现率 i_1，计算相应的 NPV_1，要确保 NPV_1 大于 0，如果不满足要求，则需要反复试算。再给出一个折现率 i_2，计算相应的 NPV_2，要确保 NPV_2 小于 0，如此反复试算，逐步逼近，最终可得到比较接近的两个折现率 i_1 与 i_2，且 $i_1 < i_2$，使得 $NPV(i_1) > 0$，$NPV(i_2) < 0$。

第二步是插值法：从图 4.7 中可以看出，无法求出曲线和横轴的交点值，即实际的 IRR 值。但是可以通过插值法计算出近似的内部收益率 IRR^*。通过构成三角形，再根据相似三角形对应边比例相等的定理，然后用线性插值的方法确定 IRR 的近似值，见式(4.8)。

当 i_1 与 i_2 足够靠近时，可以认为：$IRR \approx IRR^*$ 近似相等，得出内部收益率 IRR 的计算公式，见式(4.9)。所以，一般要求 i_1 和 i_2 之间的距离越小越好。

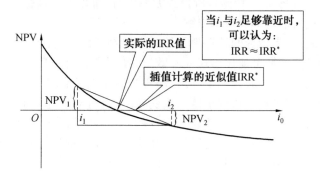

图 4.7　插值法计算内部收益率指标

通过这个近似的等式

$$\frac{IRR^* - i_1}{i_2 - i_1} = \frac{|NPV_1|}{|NPV_1| + |NPV_2|} \tag{4.8}$$

我们可以推导出内部收益率的公式为

$$IRR = i_1 + \frac{|NPV_1|}{|NPV_1| + |NPV_2|} \times (i_2 - i_1) \tag{4.9}$$

内部收益率指标也有其评判标准。计算求得内部收益率 IRR 后，要与项目设定的基准收益率 i_0 相比较。

(1) 当 $IRR \geqslant i_0$ 时，表明项目的收益率已达到或超过设定收益率水平，项目可行，可以考虑接受。

(2) 当 $IRR < i_0$ 时，表明项目的收益率未达到设定收益率水平，项目不可行，应予拒绝。

例 4.7　前面小张想投资的项目，基本情况见表 4.8。试用内部收益率指标来分析经济效果。($i_0 = 10\%$)

表 4.8　小张想投资的项目基本情况表

投资	寿命期	销售收入	经营成本	残值
300 万元	5 年	150 万元	60 万元	60 万元

解　该投资方案的净现值表达式为

$$NPV = -300 + (150 - 60)(P/A, i, 5) + 60(P/F, i, 5)$$

第一次试算,取 $i_1=18\%$,代入上式求得

$$\text{NPV}(i_1)=-300+(150-60)(P/A,18\%,5)+60(P/F,18\%,5)=7.656(万元)>0$$

第二次试算,取 $i_2=20\%$,代入上式求得

$$\text{NPV}(i_2)=-300+(150-60)(P/A,20\%,5)+60(P/F,20\%,5)=-6.696(万元)<0$$

可见,内部收益率必然为 $18\%\sim20\%$,代入线性内插法计算式(4.9)可求得

$$\text{IRR}=i_1+\frac{|\text{NPV}(i_1)|}{|\text{NPV}(i_1)|+|\text{NPV}(i_2)|}\times(i_2-i_1)$$

$$=18\%+\frac{7.656}{7.656+6.696}\times(20\%-18\%)$$

$$=19.07\%$$

因为 $\text{IRR}=19.07\%>i_0(10\%)$,所以该方案可行,可以考虑接受。

(1)非常规性项目的内部收益率求解。

前面对于内部收益率指标的计算都是针对常规性项目,一般情况下,项目都是在建设期集中投资,直到投产初期可能还出现入不敷出、净现金流量为负值的情况,但进入正常生产年份或达产后就能出现收入大于支出、净现金流量为正值的情况。若在整个寿命期内净现金流量序列的符号从负值到正值只改变一次,则内部收益率能得到唯一解。

但如果一个项目在生产期大量追加投资,或在某些年份由于经营不善造成项目成本增加、经营费用支出过多等,都有可能导致净现金流量序列的符号正负多次变化,构成非常规性项目。非常规性项目内部收益率方程的解显然不止一个,那么非常规性项目的内部收益率如何求解呢?

从式(4.6)可以看出,内部收益率方程式是一个一元高次方程式。如果令 $(1+\text{IRR})^{-1}=X$,$C_t(t=0,1,2\cdots n)$ 表示第 t 年的净现金流量,则内部收益率方程式可写成

$$C_0+C_1X+C_2X^2+\cdots+C_nX^n=0 \tag{4.10}$$

对于这个一元 n 次多项式方程,应该有 n 个解(包括重根)。其中正实数解才可能是项目的内部收益率,而负解则无经济意义。如果只有一个正实数解,则其应当是该项目的内部收益率;如果有多个正实数解,则须经过检验符合内部收益率的经济含义的解才是项目的内部收益率。

n 次方程式的正实数解的数目可用笛卡尔符号规则进行判断,即正实数解的个数不会超过项目净现金流量序列[即式(4.10)中的系数序列] $C_0,C_1,C_2,\cdots,C_n$ 的正负号变化的次数。

表4.9中有3个方案,可用笛卡尔符号规则判断其正实数解的数目。

表 4.9　具有不同正实数解的 3 个方案　　　　　　　　　　单位:万元

净现金流量(年末)\年份\方案	0	1	2	3	4	5
A	−300	90	90	90	90	150
B	−100	60	50	−200	150	100
C	−100	470	−720	360	0	0

方案 A:净现金流量序列正负号变化 1 次,因此只有 1 个正实数解。前面已经计算了

该方案的内部收益率,为 IRR=19.07%。

方案 B:净现金流量序列正负号变化 3 次,故最多只有 3 个正实数解。经计算该方案内部收益率方程式有 3 个实数解,即 $i_1=12.97\%$,$i_2=-230\%$,$i_3=-142\%$。作为内部收益率的解,负的解没有经济意义,因此只有 $i_1=12.97\%$ 为内部收益率方程式的有效解。

方案 C:净现金流量序列正负号变化 3 次,故最多只有 3 个正实数解。经计算该方案内部收益率方程式有 3 个实数解,即 $i_1=20\%$,$i_2=50\%$,$i_3=100\%$。

那么怎么判断内部收益率方程式的正实数解到底是不是该方案的内部收益率呢?首先要了解内部收益率指标的经济含义。

(2)内部收益率的经济含义。

一般来说,内部收益率就是项目的投资资金的收益率,它表明了项目对所占用资金的一种恢复或者收回能力,项目的内部收益率越高,其经济性也就越好。因此,内部收益率的经济含义是:在项目的整个寿命期内,如果按利率 i=IRR 计算各年的净现金流量,会始终存在未能收回的投资,只有到了寿命期末时投资才能被全部收回,此时的净现金流量刚好等于零。换句话说,在寿命期内各个时点,项目始终处于偿还未被收回的投资的状态,只有到了寿命期结束的时点,才偿还完全部投资。将项目内部收益率的这种投资偿还过程和结果按某一折现率折现为净现值时,则项目的净现值必然等于零。

在前面的例题中,已经计算出其内部收益率为 19.07%,且是唯一的。下面按此利率计算收回全部投资的过程,如表 4.10 所示。

表 4.10 以 IRR=19.07% 收回全部投资过程计算表　　　　　　　　单位:万元

项目 年份	净现金流量 (年末) (1)	年初未收回 的投资 (2)	年初未收回的投资到 年末的金额 (3)=(2)×(1+IRR)	年末尚未收回 的投资 (4)=(3)-(1)
0	-300			
1	90	300	357	267
2	90	267	318	228
3	90	228	272	182
4	90	182	216	126
5	150	126	150	0

由表 4.10 可以看出,从第 0 年年末直到第 5 年年末的整个寿命期内,每年均有尚未收回的投资,只有到了第 5 年年末即寿命期结束时,才全部收回了投资。

为了更清楚、更直观地考察和了解内部收益率的经济含义,将表 4.10 收回全部投资过程的现金流量变化状况表示为图 4.8。

由图 4.8 可知,用利率 i=IRR=19.07% 正好在寿命期结束时可以收回全部投资,符合内部收益率的经济含义。所以 19.07% 是该项目的内部收益率。

一般来说,根据内部收益率方程式(4.6)、(4.7)求得的使项目净现值为零的折现率,只有当它符合内部收益率的经济含义时才是项目的内部收益率,否则将不是项目的内部收益率。

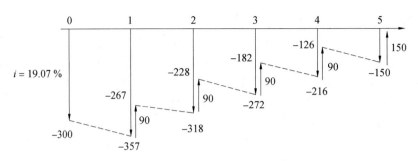

图 4.8 以利率 $i=$ IRR 收回全部投资过程的现金流量图

(3)常规项目和非常规项目内部收益率的判断。

如果项目在整个寿命期内,其净现金流量序列的符号由"一"到"十"只变化一次,则称此类项目为常规项目,例如表 4.9 中的方案 A。对常规投资项目,只要其累计净现金流量大于零,则内部收益率方程的正实数解是唯一的,此解就是该项目的内部收益率。

如果项目在整个寿命期内,其净现金流量序列的符号正负变化多次,称此类项目为非常规性项目,例如表 4.9 中的方案 B 和方案 C。非常规投资项目的内部收益率方程的解不止一个,则需要通过满足内部收益率的经济含义来检验,如果所有正实数解都不能满足内部收益率的经济含义的要求,则它们都不是该项目的内部收益率。

例如表 4.9 中的方案 B,对正实数解 $i_1=12.97\%$ 进行验证,见表 4.11。

表 4.11 以 IRR=12.97% 收回全部投资过程计算表 单位:万元

项目 年份	净现金流量 (年末) (1)	年初未收回 的投资 (2)	年初未收回的投资到 年末的金额 (3)=(2)×(1+IRR)	年末尚未收回 的投资 (4)=(3)−(1)
0	−100			
1	60	100	113.0	53.0
2	50	53.0	59.9	9.9
3	−200	9.9	11.2	211.2
4	150	211.2	238.6	88.6
5	100	88.6	100	0

通过验证,$i_1=12.97\%$ 符合内部收益率的经济含义,故 IRR=12.97% 为方案 B 的内部收益率。

同理,对方案 C 的 3 个正实数解 $i_1=20\%$,$i_2=50\%$,$i_3=100\%$ 进行验证,发现这 3 个解都不符合内部收益率的经济含义,故它们都不是方案 C 的内部收益率。

(4)内部收益率指标的优缺点。

内部收益率指标考虑了资金的时间价值以及技术方案在整个计算期内的经济状况,不仅能反映投资过程的收益程度,而且内部收益率的大小不受外部参数影响,完全取决于技术方案投资过程净现金流量系列的情况,避免像净现值指标那样须事先确定基准收益率这个难题,而只需要知道基准收益率的大致范围即可。

但内部收益率计算比较麻烦,且该指标适用于独立方案的经济评价和可行性判断,但多方案分析时,一般不能直接用于比较和选优。也就是内部收益率最大化准则是不合理的。

6. 投资回收期

小张打算投资另一个项目,该项目的基本情况见表4.12。

表 4.12　小张拟投资项目基本情况表　　　　　　　　　　　单位:万元

年份	0	1	2	3	4
投资	800				
净收益		200	300	400	500

这次小张更看中的是这个项目投资的回收速度,由此引出反映技术方案投资回收能力的一个重要指标——投资回收期。

投资回收期又称投资返本期,是指从项目投建之日起,用项目的净收益将全部投资回收所需要的期限。其单位通常用"年"表示。投资回收期的起点一般应从项目投资建设之日算起。

投资回收期按照在计算时是否考虑了资金的时间价值,分为静态投资回收期(T_p)和动态投资回收期(T_p^*)。

(1)静态投资回收期(T_p)。

静态投资回收期指在不考虑资金时间价值的条件下,用项目每年所获得的净收益将全部投资收回所需的时间。比如今年投资了 1 000 元,明后 2 年每年都能收回净收益 500 元,在不考虑资金时间价值的情况下,投出去的 1 000 元用 2 年的时间收回来。这个 2 年就是静态投资回收期。用公式表示为

$$\sum_{t=0}^{T_p}(CI-CO)_t=0 \qquad (4.11)$$

式中　T_p——静态投资回收期;

　　　$CI-CO$——净现金流量,也就是用来回收总投资的净收益。

从式(4.11)可以看出,当达到 T_p 这个时间点时,投资刚好全部收回,这个时候累计净现金流量刚好等于 0。那么静态投资回收期怎么计算呢?从式(4.11)来看,很难将 T_p 计算出来。所以静态投资回收期可借助技术方案投资现金流量表,根据净现金流量来计算。

其具体计算又可以分为以下两种情况。

第一种是当技术方案实施后各年的净收益,也就是净现金流量均相同时,静态投资回收期的计算公式为

$$T_p=\frac{I}{A} \qquad (4.12)$$

即技术方案总投资除以技术方案每年的净收益。

比如年初投资 1 000 元,每年净收益为 500 元,则静态投资回收期 $T_p=\frac{1\ 000}{500}=2$(年)。

第二种是技术方案实施后各年的净收益不相同,这个时候静态投资回收期可根据累

计净现金流量求得,也就是在技术方案投资现金流量表中累计净现金流量由负值变为0的时点。

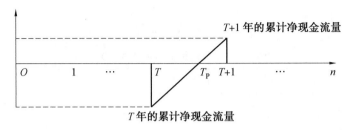

图4.9 静态投资回收期的计算过程图解

例4.8 对于例4.7中小张的投资问题,试计算出该项目的静态投资回收期。

解 小张想要投资的项目各年的净收益不相同,可以通过表格的形式来计算累计净现金流量,进而计算出静态投资回收期(表4.13)。

表4.13 静态投资回收期计算过程　　　　　　　　　　　　　单位:万元

年份	0	1	2	3	4
净现金流量	−800	200	300	400	500
累计净现金流量	−800	−600	−300	100	600

从表4.13中可以看到,期初投资800万元,也就是净现金流量等于−800万元,第1年年末净收益200万元,相当于投资还有600万元没有收回,也就是在第1年年末累计净现金流量等于−600万元,第2年年末净收益300万元,那么到第2年年末投资还有300万元没有收回,第2年年末的累计净现金流量还是负的,是−300万元,以此类推到第3年年末,投资不仅已经全部收回,累计净现金流量已经变成100万元了,这个时候我们可以看出累计净现金流量等于0的时刻是在2时点和3时点之间,大概可以判断出静态投资回收期是2年多。

从图4.9中可以看出,T_p处在累计净现金流量从负到正的两个时点之间,因此可以形成图4.10。

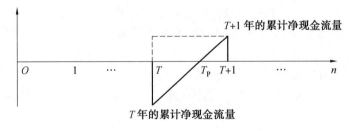

图4.10 静态投资回收期的公式推导过程

在图4.10中,可以构造两个相似三角形,通过相似三角形对应边比例相等这个定理就可以推导出静态投资回收期的计算公式,即

$$T_p = T + \frac{\text{第 } T \text{ 年的累计净现金流量的绝对值}}{\text{第}(T+1)\text{年的净现金流量}} \tag{4.13}$$

式中,T指的是项目各年累计净现金流量出现最后一个负值的年份。

通过式(4.13)可以计算出小张想投资的项目静态投资回收期为
$$T_p = 2 + 300/400 = 2.75(\text{年})$$
那么2.75年到底是好还是不好呢？这里涉及静态投资回收期的评判标准。

静态投资回收期的评判标准是需要和基准投资回收期 T_0 进行比较，基准投资回收期可以根据同类项目的历史数据和投资者意愿确定，不同的部门或行业有不同的基准投资回收期标准，投资人也可以有自己的标准。

(1) 若 $T_p \leqslant T_0$，则方案可以考虑接受。

(2) 若 $T_p > T_0$，则方案应予拒绝。

假如小张想投资的同类项目中，测定平均静态投资回收期是3年，那么对于小张想投资的这个项目静态投资回收期2.75年是小于基准投资回收期的，因此可以考虑接受。

小张还是很犹豫，虽然静态投资回收期易于理解且计算简单明了，但是他知道静态投资回收期在计算时没有考虑资金的时间价值，一般是对项目的一个粗略评估，他觉得还是应该要把资金的时间价值考虑进去再做决定。为了使小张更快地做出决策，我们再来用动态投资回收期进行评价。

(2) 动态投资回收期(T_p^*)。

为了克服静态投资回收期没有考虑资金时间价值的缺点，在投资项目评价中一般采用动态投资回收期。

它是指按照给定的基准折现率，用项目的净收益的现值将总投资现值回收所需的时间，即

$$\sum_{t=0}^{T_p^*} (\text{CI} - \text{CO})_t (1+i_0)^{-t} = 0 \qquad (4.14)$$

从式(4.14)可以看出，$(1+i_0)^{-t}$ 反映的就是在考虑资金时间价值的情况下折现的过程。式中，T_p^* 表示的是动态投资回收期。从式(4.14)来看，很难将 T_p^* 计算出来。

所以动态投资回收期仍然是可借助技术方案投资现金流量表，根据净现金流量计算，只不过相比较静态投资回收期，这里的计算多了一个折现的步骤，需要先将各个时点的净现金流量折现，再计算每个时点的累计净现值流量现值。同样，动态投资回收期会出现在累计净现金流量现值从负到正的两个时点之间。具体的计算公式和静态投资回收期的公式推导过程一样。公式为

$$T_p^* = T^* + \frac{\text{第 } T^* \text{ 年的累计净现金流量现值的绝对值}}{\text{第}(T^*+1)\text{年的净现金流量现值}} \qquad (4.15)$$

式中，T^* 指的是项目各年累计净现金流量现值出现最后一个负值的年份。

例 4.9 对于例 4.7，试计算出该项目的动态投资回收期。

解 首先在表格中列出各个时点的净现金流量，再计算出各个时点的净现金流量现值，最后计算各个时点的累计净现金流量现值。累计净现金流量现值在第3年年末是负数，到第4年年末则变成正数，因此动态投资回收期在第3年和第4年之间(表4.14)。

表 4.14 动态投资回收期计算过程　　　　　　　　　　单位:万元

年份	0	1	2	3	4
净现金流量	−800	200	300	400	500
净现金流量现值	−800	181.82	247.93	300.53	341.51
累计净现金流量现值	−800	−618.18	−370.25	−69.72	271.79

根据式(4.15),计算出动态投资回收期为

$$T_p^* = 3 + 69.72/341.51 = 3.2(年)$$

动态投资回收期的评判标准仍然是和基准投资回收期比较。

①若 $T_p^* \leqslant T_0$,则方案可以考虑接受。

②若 $T_p^* > T_0$,则方案应予拒绝。

小张想投资的这个项目动态投资回收期是 3.2 年,大于基准投资回收期 3 年,别人平均 3 年就回收完投资了,小张还要 3 年加 2 个多月才能收完投资,这个项目还是应慎重考虑。

(3)投资回收期指标的优缺点。

投资回收期指标虽然概念清晰,简单直观,易于理解,并且能够反映出技术方案的风险大小和投资的补偿速度,但是它只考虑投资回收期之前方案的收益、费用等情况,对投资回收期之后的情况无法反映出来,因此它无法全面反映技术方案在整个寿命期内真实的经济效果。

所以,投资回收期单独作为技术方案的评价准则是不可靠的,它能作为辅助评价指标,需要和其他指标结合起来使用,应再参考其他指标的评价结果。

4.2　经济效果评价方法

在实际的投资活动中,由于决策结构的多样性与复杂性,如果仅仅靠掌握几种评价指标,而不掌握正确的评价方法,还不能达到正确决策的目的。因此需要在熟练掌握评价指标的基础上,学习如何正确运用这些指标进行不同结构类型方案的评价与选择。

1. 方案类型

在技术经济分析中,方案的类型较多,常见的主要有:独立型、互斥型和混合型。

(1)独立型方案。

独立型方案是指方案之间互不干扰、在经济上互不相关的技术方案,也就是说这些技术方案是彼此独立无关的,选择或放弃其中一个技术方案,并不影响其他技术方案的选择。比如选择投资 A 方案后,仍然可以选择投资 B 方案和 C 方案。

对独立型方案的评价选择,主要是看各方案自身的经济效果是否可行。也就是说,独立型方案在经济上是否可接受,取决于技术方案自身的经济性,即只需检验它们各自是否能够通过净现值、净年值或内部收益率等指标的评判标准。因此,只需通过计算技术方案的经济指标,并按照指标的评判标准加以检验。这种对技术方案自身的经济性的检验称为绝对经济效果检验。若技术方案通过了绝对经济效果检验,就认为技术方案在经济上是可行的,是可以接受的,值得投资;否则,应予拒绝。

假如通过计算图 4.10 中 A、B、C 3 个方案的净现值都≥0,在不考虑资金限制的情况下,这 3 个方案都可以选择投资。

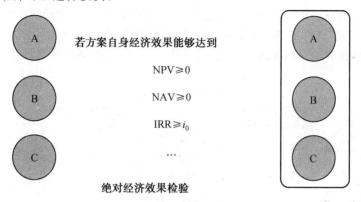

图 4.10 独立型方案的评价选择

对于独立方案的评价,虽然方案自身可行就可投资,但要注意一种特殊情况,即投资者有没有资金限制,若投资者手头资金有限制,没有充足的资金去投资所有可行的独立方案,那么还是要在各方案中进行筛选,一般也要遵循效益最大化原则,也就是说投资者要在有限的资金内去选择最优的方案组合。如图 4.11 所示。

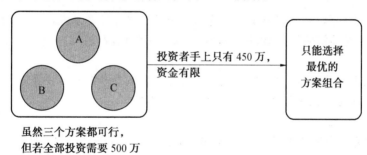

图 4.11 有资金限制的独立型方案的评价选择

所以,对于独立型方案的经济效果评价,可以按照投资者有无资金限制来划分为无资金限制的独立方案和有资金限制的独立方案两种情况。

(2)互斥型方案。

互斥型方案又称排他型方案,选择其中任何一个技术方案,则其他技术方案必然被排斥。因此互斥方案的特点可以概括为互相排斥、互不相容。

由于方案的互斥性,我们在若干技术方案中只能选择一个技术方案实施。

比如有 A_1、A_2、A_3 3 个互斥方案,假如通过计算分析选择了 A_1 方案,就不能再选择 A_2 和 A_3 方案。由于每一个技术方案都具有同等可供选择的机会,为使资金发挥最大的效益,我们当然希望所选出的这一个技术方案是若干个备选方案中经济性最优的。

因此,互斥方案经济评价包含两部分内容。

一是考察各个技术方案自身的经济效果,即进行"绝对经济效果检验"。

二是考察哪个技术方案相对经济效果最优,即"相对经济效果检验"。

比如图 4.12 中的 A_1、A_2、A_3 3 个方案,先对它们的自身经济效果进行检验,如果它们能通过评价指标的检验,比如这里假设 3 个方案的净现值都大于 0,那么这 3 个方案都可以选择进行下一轮的比优。进行绝对经济效果检验后,再对这 3 个可行的方案进行比较择优,也就是相对经济效果检验,假设这里 3 个方案中 A_1 的净现值最大,那么我们最终就选择 A_1 方案,选择了 A_1 方案后,就不能再选择其他可行的方案了。对于互斥型方案的比选,两种检验的目的和作用不同,通常缺一不可,从而确保所选技术方案不但可行而且最优。

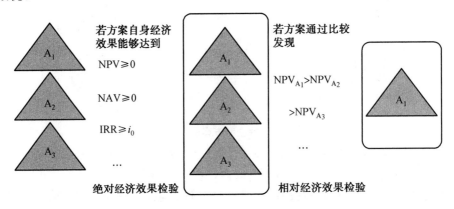

图 4.12　互斥型方案的评价选择

这里要注意的是,互斥型方案的比选相比较于独立型方案来说,多了一步相对经济效果检验,因为相对经济效果检验,针对的是方案之间的比较,所以一定要考虑方案之间的可比性。

对于要考虑可比性这个问题,通常将互斥型方案按寿命期是否相同进行分类,分为寿命期相同的互斥方案比选和寿命期不同的互斥方案比选。

(3)混合型方案。

混合方案就是独立方案与互斥方案并存的方案组合,在分析的时候是将独立方案经济效果评价方法与互斥方案经济效果评价方法结合起来使用。大致的步骤是:先以互斥方案比选原则进行组内方案比选;再以独立方案的比选原则选择最优的方案组合。

2. 独立型方案的经济效果评价

小张最近在不断地考察市场后,又有了新的想法。他想投资一个商铺 A,一座写字楼 B,再加一栋厂房 C(表 4.15)。很明显,一下子投资这么多项目,是需要花很多钱的,但小张表示,他手上的资金非常充足,不需要考虑资金限制问题,只需要帮他决策这些项目能不能投资就可以了。

表 4.15　小张想投资的独立型方案　　　　　　　　　　　　　　　　　　单位:万元

项目	投资	年净收益	使用寿命	收益率
商铺 A	200	46	10	10%
写字楼 B	220	50	10	10%
厂房 C	250	56	10	10%

带着小张的这个投资问题,我们来学习独立方案的经济效果评价。一般如果没有特殊说明的话,独立方案指的就是无资金限制的独立方案。对于独立方案的评价选择,只要

各个方案通过了绝对经济效果检验,就认为是可以接受的,方案之间互不干涉,不需要进行比较。

可以选择相应的指标对方案的经济效果进行检验,只要方案通过可行的指标评判标准,则可以选择投资。

这里要注意的是:对于方案自身的指标评价,净现值、净年值、内部收益率这些指标是等效的,对于某一个方案来说,如果该方案的净现值大于等于0,那它的净年值肯定也大于等于0,内部收益率肯定大于等于基准折现率,所以我们在对单个方案自身评价时,选择其中一个指标就可以了。

例 4.10 小张想投资的3个项目基本情况如表4.15所示。小张到底该怎么投资呢?

解 首先选择一个能够检验各个项目自身经济效果的指标,这里可以选比较常用的净现值指标。分别计算出商铺A,写字楼B,厂房C的净现值。

$$NPV_A = -200 + 46(P/A, 10\%, 10) = 82.67(万元) > 0$$
$$NPV_B = -220 + 50(P/A, 10\%, 10) = 87.25(万元) > 0$$
$$NPV_C = -250 + 56(P/A, 10\%, 10) = 94.12(万元) > 0$$

这3个项目的净现值都是大于0的,因此这3个项目各自的经济效果都是可行的,再加上小张手上资金充足,不需要考虑投资限制问题,因此这3个项目都可以选择。

3. 互斥型方案的经济效果评价

小张重新考察市场后发现,他想投资的商铺有3个方案可供选择(表4.16)。这三个商铺他觉得条件都很好,他都非常喜欢,当然商铺他最终只能投资一个,因此他又很纠结了,到底应该怎么选呢?另外,他想投资的写字楼现在也有两个待选方案(表4.17)。这两个写字楼都处于城市中心的黄金地段,未来收益也很可观,但小张只能选一个。

表 4.16 小张想投资的商铺互斥型方案   单位:万元

方案	投资	年净收益	使用寿命	收益率
商铺 A_1	200	46	10	10%
商铺 A_2	220	48	10	10%
商铺 A_3	180	42	10	10%

表 4.17 小张想投资的写字楼互斥型方案   单位:万元

方案	投资	年净收益	使用寿命	收益率
写字楼 B_1	180	46	8	10%
写字楼 B_2	220	50	10	10%

互斥方案经济评价包含以下两部分内容。

一是考察各个技术方案自身的经济效果,即进行"绝对经济效果检验",一般称为自身可行才能有下一轮的比选机会,否则直接淘汰。

二是考察哪个技术方案相对经济效果最优,即"相对经济效果检验"。这两个部分可以概括为:先入围,再择优。

究竟怎么入围?究竟怎么择优?也就是绝对经济效果评价和相对经济效果评价的结

合应用。

第一步,绝对经济效果检验仍然是对各方案自身经济效果进行检验,各方案自身通过指标的评判标准,即可行。

第二步是相对经济效果检验,也就是从可行的方案中选择一个最优的方案,所以叫择优。

这里要注意以下两点。

(1)在相对经济效果检验时,因为涉及方案之间的比较,所以要先考虑方案的可比条件,也就是有没有可比性,再选择正确合适的指标。

(2)互斥方案评价的两种检验的目标和作用不同,因此缺一不可,要确保所选择出来的方案一定是可行并且最优的。

互斥型方案的评价可按照寿命期是否相同分为寿命期相同的互斥型方案比选和寿命期不同的互斥型方案比选。

(1)寿命期相同的互斥型方案比选。

例 4.11 对于备选的 3 个商铺,小张到底该怎么选择呢?

解 首先选择一个能够检验各个方案自身经济效果的指标,这里仍然可以选择比较常用的净现值。分别计算出这 3 个商铺的净现值

$$NPV_{A_1} = -200 + 46(P/A, 10\%, 10) = 82.67(万元) > 0$$
$$NPV_{A_2} = -220 + 48(P/A, 10\%, 10) = 74.96(万元) > 0$$
$$NPV_{A_3} = -180 + 42(P/A, 10\%, 10) = 78.09(万元) > 0$$

这 3 个商铺的净现值都是大于 0 的,因此 3 个商铺各自的经济效果都是可行的,这里可以说这 3 个方案都入围了,也就是都有下一轮的竞选资格。

再来看一下相对经济效果检验,通过比较

$$NPV_{A1} > NPV_{A3} > NPV_{A2}$$

商铺 A_1 的净现值是最大的,因此小张应该从 3 个竞选商铺中选择 A_1 商铺。

(2)寿命期不同的互斥型方案比选。

例 4.12 对于两个写字楼 B_1 和 B_2,小张到底该怎么选择呢?

解 同样,先选择一个能够检验各个方案自身经济效果的指标,这里要注意的是,两个写字楼方案的使用寿命是不一样的,因此不能直接选择净现值,那么选择净年值指标,分别计算出这两个写字楼的净年值

$$NAV_{B_1} = -180(A/P, 10\%, 8) + 46 = 12.52(万元) > 0$$
$$NAV_{B_2} = -220(A/P, 10\%, 10) + 50 = 14.21(万元) > 0$$

这两个写字楼的净年值都是大于 0 的,因此这两个写字楼自身的经济效果都可行。

再进行相对经济效果检验,通过比较

$$NAV_{B_2} > NAV_{B_1}$$

B_2 方案的净年值是最大的,因此小张应该选择 B_2 写字楼。

(3)寿命周期相同的互斥方案比选——差额分析法。

对于寿命期相同的互斥方案经济效果评价,还可以采用差额分析法,用差额类指标进行方案的比选。

①差额净现金流量。对于两个投资方案 A 和 B,以投资较大的 A 方案的净现金流量

减去投资较小的B方案的净现金流量后,所形成的新的净现金流量,称为差额净现金流量,也就是A方案和B方案的净现金流量差额。在计算时,可以用"Δ"表示差额。

②差额类指标。在差额净现金流量的基础上计算的净现值或内部收益率等指标,称为差额类指标。

为了区分,差额类指标都在相应的指标名称前加上"Δ"。比如"ΔNPV"表示差额净现值。

例 4.13 若 $i_0=15\%$ 时,A、B两个方案净现金流量见表4.18。

表 4.18　A、B两个方案净现金流量　　　　　　　　　　单位:万元

时点 t	0	1—10	NPV	IRR
方案 A	−5 000	1 400	2 026.6	25.0%
方案 B	−10 000	2 500	2 547.5	19.9%
差额方案 B−A	−5 000	1 100	ΔNPV=520.9	ΔIRR=17.6%

方案A和方案B各年的净现金流量,以及它们各自的净现值、内部收益率分别如表4.18所示。可以看出,两个方案都是可行的。方案B的投资大于方案A的投资,两个方案的差额净现金流量可以计算出来。如果把这个多出来的净现金流量看成是一个差额方案的净现金流量,那么现在就要看这个差额方案的经济效果如何。

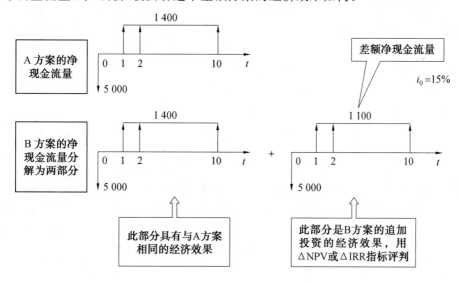

图 4.13　净现金流量分解示意图

如图4.13所示,对于例4.13中投资较大的B方案,其净现金流量可以划分为两部分,第一部分与投资较小的A方案的净现金流量完全相同(其经济效果也和A方案一样);第二部分是差额净现金流量,即B方案多出来的净现金流量,此部分相当于是B方案的追加投资的经济效果,如果这部分经济效果好,则整个B方案的经济效果优于A方案的经济效果。如果这部分经济效果不好,则A方案的经济效果优于B方案的经济效果。所以具体怎么选择,要看最终差额类指标来进行评价的结果。

$$\Delta NPV=-5\,000+1\,100(P/A,15\%,10)=520.9(万元)$$

通过差额净现金流量计算出来 ΔNPV 是等于 520.9 万元,是大于 0 的,ΔIRR＝17.6%,是大于基准折现率 15%的。这说明差额方案的经济效果好,所以 B 方案是优于 A 方案的。

同时,从这个例子中,还可以得出这样的结论:在方案比选时,净现值最大化准则是合理的,而通过内部收益率最大来选最优方案却不一定能得出正确结论。

对于差额净现值:

① 若 ΔNPV≥0,表明差额方案是可以接受的,所以投资大的方案经济效果较好;

② 若 ΔNPV<0,表明差额方案不可接受,则投资小的方案经济效果较好。

对于差额内部收益率:

① 若 $\Delta IRR \geq i_0$,则投资大的方案为优;

② 若 $\Delta IRR < i_0$,则投资小的方案为优。

在计算时,差额净现值实际上是等于两方案净现值之差的,但 ΔIRR 并不等于两方案 IRR 之差,还是要依靠内部收益率的计算步骤,用试算内插法来进行计算。

差额类指标进行寿命期相同的互斥方案比选的步骤如下。

第一步:设置零方案,也就是各时点净现金流量均为零的方案。设置 0 方案的目的是检验方案自身的经济效果,因为差额类指标只能进行方案的优劣比较,却不能检验出各方案自身的经济效果。

比如通过计算得出 ΔNPV_{B-A} 等于 100,是大于 0 的,可以判断出 B 方案是优于 A 方案的,那就一定选择 B 方案吗?并不一定,如果 A 方案的净现值是 -200,B 方案的净现值是 -100,ΔNPV_{B-A} 也是等于 100 的,其实 A 和 B 两个方案本身都是不可行的,都不能选,但差额类指标却无法反映出这个问题。所以,在用差额类指标进行比选时,一定是要设置 0 方案,如果这个例子中设置了 0 方案,那么就可以先用 A 方案和 0 方案进行比较,得出 ΔNPV_{A-0} 是 -100,那么自然就知道 A 方案本身就不可行。

第二步:方案排序(将所有待选方案,包括 0 方案,全部按投资额由小到大进行排序)。

第三步:利用差额净现值,差额内部收益率等差额类指标进行计算。

第四步:两两比较选择,直至最后一个方案。最后的被选方案即是最佳方案。

例 4.14 对于小张要投资的商铺 A,3 个备选方案用差额分析法来进行评价选择。

解 首先增加 0 方案,将表 4.16 中方案(包括新增的 0 方案)全部按投资额从小到大进行排序(表 4.19)。

表 4.19 小张想要投资的商铺 A 所有备选方案　　　　单位:万元

方案	投资	年净收益	使用寿命	收益率
0 方案	0	0	10	10%
商铺 A_3	180	42	10	10%
商铺 A_1	200	46	10	10%
商铺 A_2	220	48	10	10%

首先比较 A_3 方案和 0 方案,计算出

$$\Delta NPV_{A_3-0} = -180 + 42(P/A, 15\%, 10) = 78.09(万元)$$

$\Delta NPV_{A_3-0} > 0$,所以应该保留投资大的方案,淘汰投资小的方案,即保留 A_3 方案,淘

汰 0 方案。

再比较 A_1 方案和上一步保留下来的 A_3 方案,得出
$$\Delta NPV_{A_1-A_3}=-20+4(P/A,15\%,10)=4.58(万元)$$
$\Delta NPV_{A_1-A_3}>0$,所以应该保留投资大的方案,淘汰投资小的方案,即保留 A_1 方案,淘汰 A_3 方案。

最后比较 A_2 方案和 A_1 方案,得出
$$\Delta NPV_{A_2-A_1}=-20+2(P/A,15\%,10)=-7.71(万元)$$
$\Delta NPV_{A_2-A_1}<0$,所以应该保留投资小的方案,淘汰投资大的方案,即保留 A_1 方案,淘汰 A_2 方案。

通过两两比较,最终保留 A_1 方案,因此小张应该从 3 个竞选商铺中选择 A_1 商铺。跟前面用净现值最大化得出来的结论是一致的。

也可以尝试用差额内部收益率来分析该题目,最后得出的结论是:净现值、差额净现值、差额内部收益率 3 种方法的结论始终是一致的。

(4) 寿命周期不同的互斥方案比选——最小公倍数法。

对于寿命周期不同的互斥方案比选,因为各方案寿命期不同,时间上没有可比性,因此不能直接选择净现值指标来比较,而是采用净年值指标来比较。

对于寿命期不同的互斥方案经济效果评价,我们还可以采用最小公倍数法进行方案的比选。接下来,我们就对最小公倍数法进行介绍。

最小公倍数法是以不同方案使用寿命的最小公倍数作为共同的计算期,并假定每一方案在这一期间反复实施,以满足不变的需求,如图 4.14 所示。据此算出计算期内各方案的净现值(或费用现值),净现值最大(或费用现值最小)的为最佳方案。

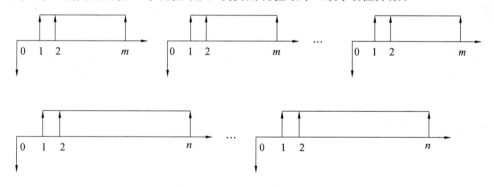

图 4.14　m,n 的最小公倍数

例 4.15　我们对上一节中小张要投资的写字楼 B 两个备选方案用最小公倍数法来进行评价选择。见表 4.17。

解　B_1、B_2 两个方案的寿命期分别为 8 年和 10 年,最小公倍数为 40。即将两个方案的寿命周期统一为 40 年。假设 B_1、B_2 两个方案在 40 年里可以反复实施,分别计算两个方案 40 年的净现值。具体计算如下。

写字楼 B_1 的净现值(40 年)为
$$NPV_{B_1}=-180-180(P/F,10\%,8)-180(P/F,10\%,16)-$$
$$180(P/F,10\%,24)-180(P/F,10\%,32)+46(P/A,10\%,40)$$

$$=122.43(万元)>0$$

写字楼 B_2 的净现值(40 年)为

$$NPV_{B_2}=-220-220(P/F,10\%,10)-220(P/F,10\%,20)-$$
$$220(P/F,10\%,30)+50(P/A,10\%,40)$$
$$=138.96(万元)>0$$
$$NPV_{B_2}>NPV_{B_1}$$

通过比较，B_2 方案的净现值是最大的，因此应该从两个竞选写字楼中选择 B_2 写字楼，跟前面用净年值最大化得出来的结论是一致的。

最小公倍数法适合于被比较方案寿命期的最小公倍数较小，且各方案在重复过程中现金流量不会发生太大变化的情况，否则就可能得出不正确的结论。因此采用这种方法的关键是对各方案在重复过程中的现金流量做出比较合理的估计和预测，力求评价的正确性。

实际上，在对寿命周期不同的互斥方案进行比选时，年值法是最为简便的方法，当参加比选的方案数目众多时，尤其如此。

4. 有资金限制的独立型方案的经济效果评价

小张由于资金管理不善，原来手上充足的资金只剩下 450 万元，可是他想投资的 3 个项目投资加起来需要 670 万元，这可怎么办呢？有什么办法能够使手上有限的资金发挥最大的作用呢？

在实际的投资活动中，我们有时会遇到这样的情况，就是投资者手上的资金是有限的，没有充足的资金去投资所有可行的独立方案，此时就需要在所有可行的独立方案中去选择最优的方案组合，虽然也是要比选，但是区别于互斥方案比选，互斥方案比选最终只能选择一个方案，而有资金限制的独立方案比选最终是在资金符合的情况下选择最优的方案组合，可能是一个方案，也可能是多个方案的组合。

比如 A、B、C 3 个独立方案自身都可行，全部投资需要 500 万元，但投资者手上只有 450 万元，这个时候没有办法全部投资，就需要通过一定的方法去选择最优的方案组合。

小张想投资的 3 个独立方案的情况见表 4.20。

表 4.20 小张想投资的 3 个独立型方案　　　　　　　　　　　单位：万元

项目	投资	年净收益	使用寿命	收益率
商铺 A	200	46	10	10%
写字楼 B	220	50	10	10%
厂房 C	250	56	10	10%

小张想投资的 3 个独立的项目方案都可行，总投资需要 670 万元，但小张手上只有 450 万元。常见的比选方法有以下两种。

(1)净现值指数排序法。这个方法是根据净现值指数来做选择的。

首先将净现值大于或等于零的方案，也就是可行的方案，按照净现值指数由大到小排序，然后根据资金限额依次选择方案。每多选一个方案，要及时检查投资有没有超限。这种方法简便易行，但不能保证限额资金的充分利用。

小张想投资的 3 个项目的净现值都大于 0，都是可行的(表 4.21)。

表 4.21　小张想投资的 3 个项目的现金流量与经济指标　　　　单位：万元

项目	投资	年净收益	使用寿命	收益率	NPV	NPVI
商铺 A	200	46	10	10%	82.67	0.413
写字楼 B	220	50	10	10%	87.25	0.397
厂房 C	250	56	10	10%	94.12	0.376

然后计算这 3 个项目的净现值指数，净现值指数等于净现值除以投资现值。计算完净现值指数后，进行排序。

净现值指数最高的是商铺 A 项目，A 项目的投资是 200 万元，没有超限，首先把 A 项目选上。再看净现值指数排在第二的是写字楼 B 项目，投资是 220 万元，加上商铺的投资总共是 420 万元，也没有超限，所以也可以选上。再来看排在第三的厂房 C 项目，C 项目投资是 250 万元，跟前面的加在一起是 670 万元，超过投资限额，所以放弃。那么最终应该选择的是商铺 A 和写字楼 B 两个项目。

对于这种方法得出来的结论，有时不能保证限额资金得到充分利用。所以再介绍另外一种方法——互斥方案组合法。

互斥方案组合法就是先把所有可行的投资方案进行排列组合，并排除那些不满足约束条件的组合，也就是那些超限的组合先淘汰掉。然后把每个可行的组合都代表一个满足约束条件的互斥方案，按照互斥方案的评价方法进行比选。

对于小张想投资的 3 个项目 A、B、C，可以用互斥方案组合法来选择。

首先，把 3 个项目组合成不同的方案组合（表 4.22）。这里组合个数有 $2^{n}-1$ 个，n 表示的是备选项目的个数。组合完之后，我们发现最后两个组合的投资超限了，所以直接淘汰。剩下的组合按照互斥方案的评价方法先计算出各个组合的净现值，再通过比较发现 A+C 组合的净现值最大，总投资是 450 万元，没有超限，所以最终应该选择的是商铺 A 和厂房 C 两个项目。

表 4.22　A、B、C 的互斥组合方案　　　　单位：万元

项目	投资	年净收益	使用寿命	收益率	NPV
商铺 A	200	46	10 年	10%	82.67
写字楼 B	220	50	10 年	10%	87.25
厂房 C	250	56	10 年	10%	94.12
商铺 A+写字楼 B	450	96	10 年	10%	169.92
商铺 A+厂房 C	420	102	10 年	10%	176.79
写字楼 B+厂房 C	450	106	10 年	10%	超过资金限额
商铺 A+写字楼 B+厂房 C	670	152	10 年	10%	超过资金限额

用净现值指数排序法选择的是商铺 A 和写字楼 B 两个项目，用互斥方案组合法选择的是商铺 A 和厂房 C 两个项目。结果不一致怎么办？

在实际分析中，如果各方案的投资者相差较大，就有可能会遇到两种方法的分析结果

不一致的情况。

(1)净现值指数排序法,计算简便,考虑的是单位投资效益最大,但没有充分利用限额资金,可能会导致部分资金闲置。

(2)互斥方案组合法,计算较烦琐,考虑的是在各种情况下实现最优选择,能够保证限额资金更好地得到利用。

在这个例子中,净现值指数法是选择 A+B 项目,总投资是 420 万元,总的净现值是 169.92 万元,而互斥方案组合法是选择 A+C 项目,总投资是 450 万元,总的净现值是 176.79 万元。小张手上的资金限额是 450 万元,如果小张选择 A+B 项目,那么手上就会有 30 万元的闲置资金;如果小张选择 A+C 项目,手上的资金就全部利用上了,并且相比较 A+B 项目,多投资的 30 万元也会带来 6.87 万元的净现值。所以一般情况下会根据互斥方案组合法的结果来进行选择。当然如果小张选择 A+B 项目后剩下的 30 万元能有其他更好的投资收益,也是可以考虑选择 A+B 项目的。

5. 混合型方案的经济效果评价

混合型方案是独立方案和互斥方案的组合。在具体分析的时候,也是独立方案的分析方法和互斥方案的分析方法混合使用,这里就涉及谁先谁后的问题。

混合方案具体指的是独立方案选择中包含有互斥方案的选择问题。从这句话我们也可以看出来,应该是先解决互斥方案的问题,再解决独立方案的问题。

具体的分析步骤为:首先形成所有可能的组间独立、组内互斥的方案组合;然后以互斥方案比选原则进行组内方案比选;最后在总的投资限额下,以独立方案的比选原则选择最优的方案组合。

在小张的一系列投资活动中,他起先打算投资 3 个独立项目,且他手上的资金充足,不需要考虑投资限制(表 4.22)。

表 4.22 小张想投资的 3 个项目(独立型方案)　　　　　　单位:万元

项目	投资	年净收益	使用寿命	收益率
商铺 A	200	46	10	10%
写字楼 B	220	50	10	10%
厂房 C	250	56	10	10%

之后他考察市场发现想投资的项目中有一些备选的互斥方案可以择优挑选(表 4.23,表 4.24)。

表 4.23 小张想投资的商铺 A 的 3 个备选方案(互斥型方案)　　　　　　单位:万元

方案	投资	年净收益	使用寿命	收益率
商铺 A_1	200	46	10	10%
商铺 A_2	220	48	10	10%
商铺 A_3	180	42	10	10%

表 4.24 小张想投资的写字楼 B 的两个备选方案(互斥型方案)　　单位:万元

方案	投资	年净收益	使用寿命	收益率
写字楼 B_1	180	46	8	10%
写字楼 B_2	220	50	10	10%

因此组成了一个混合型方案(表 4.25)。

表 4.25 小张想投资的方案组合(混合型方案)　　单位:万元

投资项目 (独立型方案)	互斥方案	投资	年净收益	使用寿命	收益率
商铺 A	A_1	200	46	10	10%
商铺 A	A_2	220	48	10	10%
商铺 A	A_3	180	42	10	10%
写字楼 B	B_1	180	46	8	10%
写字楼 B	B_2	220	50	10	10%
厂房 C	C	250	56	10	10%

在帮小张分析的时候,首先是从独立项目中包含的互斥方案着手,由前面的计算结果可知:商铺 A 的 3 个备选方案中 A_1 的净现值是大于 0 且最大的,写字楼 B 的两个备选方案中 B_2 的净年值是大于 0 且最大的;厂房 C 的净现值是大于 0 的,所以先用互斥方案的评价方法选出每个项目中的最优方案(表 4.26)。

表 4.26 用互斥方案的评价方法选出每个项目中的最优方案　　单位:万元

投资项目 (独立型方案)	互斥方案	投资	年净收益	使用寿命	收益率
商铺 A	A_1	200	46	10	10%
写字楼 B	B_2	220	50	10	10%
厂房 C	C	250	56	10	10%

再从独立方案的评价方法选出最优的方案组合。因为商铺 A(A_1)、写字楼 B(B_2)、厂房 C 的净现值都是大于 0 的,所以根据我们之前分析的结果得出以下结论。

(1)若小张无资金限制,商铺 A(A_1)、写字楼 B(B_2)、厂房 C 都可以投资。

(2)若小张有 450 万元资金限制,可以通过互斥方案组合法选择投资商铺 A(A_1)和厂房 C。

4.3　案例应用

综合案例 1

R 项目厂址方案的现金流量法优选过程

对 R 项目的投资,计划有 3 个厂址选择方案,每个选址方案的财务现金流量情况如

表4.27所示。假定项目所在行业的基准收益率为10%,试用净现值法、净年值法和净现值率法进行各厂址方案的比选,并选择最优的厂址方案。

表4.27 各选址方案财务现金流量表　　　　　　　　单位:万元

方案	建设期		生产期		
	1年	2年	3年	4~15年	16年
A	-2 000	-2 800	500	1 100	2 100
B	-2 800	-3 000	600	1 300	2 300
C	-1 500	-200	300	700	1 300

使用各种不同方法解题的具体过程如下所示。

(1)方法一:净现值法。按行业基准收益率10%计算的各方案净现值为

A方案:$NPV_A = 1\ 918.42$(万元)

B方案:$NPV_B = 2\ 079.13$(万元)

C方案:$NPV_C = 773.62$(万元)

计算结果表明:B方案的财务净现值最高,故B是最优方案。

(2)方法二:净年值法。从复利系数表查到$(A/P, 10\%, 16) = 0.127\ 8$,再根据前面净现值的计算结果,可计算各方案的净年值为

A方案:$NAV_A = 1\ 918.42 \times 0.127\ 8 = 245.17$(万元)

B方案:$NAV_B = 2\ 079.13 \times 0.127\ 8 = 265.71$(万元)

C方案:$NAV_C = 773.62 \times 0.127\ 8 = 98.87$(万元)

计算结果表明,方法二和方法一的结论一致。这说明在仅考虑项目方案现金流量而非单位现金投资效益的情况下,因B方案的净年值最高,故B方案应为最优厂址选择方案。

(3)方法三:用净现值率法进行方案比较并选择最优厂址方案。

首先按照10%的基准收益率,计算各方案的投资现值为

A方案:$I_{PA} = 2\ 000 + 2\ 800 \times 0.909\ 1 = 4\ 545.48$(万元)

B方案:$I_{PB} = 2\ 800 + 3\ 000 \times 0.909\ 1 = 5\ 527.30$(万元)

C方案:$I_{PC} = 1\ 500 + 200 \times 0.909\ 1 = 1\ 681.82$(万元)

根据前面计算得出的各方案净现值,便可计算各方案的净现值率为

A方案:$NPVR_A = 0.422$

B方案:$NPVR_B = 0.376$

C方案:$NPVR_C = 0.460$

计算结果表明,C方案的财务净现值率最大,在考虑单位投资效益的情况下,C方案应是最优厂址选择方案。

案例总结:

方法一和方法二获得的比选结果完全一致,却与方案三的结论相反,这看上去似乎很矛盾,甚至无法做出取舍,但若要考虑其中对单位投资效益的情况就能够较容易地做出判断了。从项目总体现金流量的经济性来看,B方案无疑都是最佳的,但若考虑方案的单位现金投资效益,C方案则是最好的。出现这种情况的原因在于前两种方法仅从现金总流

量的情况出发考虑收益最佳获得的比选结果,而后者则是从投资利用效率分析得出的结论,因而能弥补净现值和净年值未准确反映方案投资利用效率高低的不足。这是该案例需要特别加以说明的,也是此类用现金流量方法进行方案比选时应特别注意的地方。

综合案例 2

用净现值指数排序对有资金约束的多方案进行比选

现有 8 个独立备选方案需要进行分析,其投资现值、净现值的情况如表 4.28 所示。试回答:

(1)若可利用资金限额为 240 万元,应选择哪些方案?
(2)若可利用资金限额为 300 万元,应选择哪些方案?
(3)若可利用资金限额为 450 万元,应选择哪些方案?

表 4.28　各方案的投资现值和净现值　　　　　　　　　　　　单位:万元

方案 指标	A	B	C	D	E	F	G	H
I_P	50	60	70	80	90	100	110	120
NPV	−10	30	56	72	63	60	44	−12

解　第一步:做经济性绝对效果检验——淘汰不可行(NPV<0)的方案,方案 A 和方案 H 被淘汰。

第二步:进行相对效果检验——先计算可行的方案的净现值率。

$NPVR_B=0.5$;$NPVR_C=0.8$;$NPVR_D=0.9$;$NPVR_E=0.7$;$NPVR_F=0.6$;$NPVR_G=0.4$

第三步:按照净现值率大小排序 D、C、E、F、B、G,并做方案优劣顺序图,如图 4.15 所示。

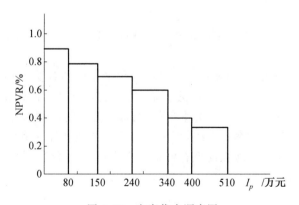

图 4.15　方案优劣顺序图

第四步:选择方案优化组合。

(1)根据可利用资金限额为 240 万元的条件,方案的优化组合为 D、C、E,投资额正好为 240 万元,符合资金约束条件。

(2)根据可利用资金限额为 300 万元的条件,可以先选择方案 D、C、E,投资额为 240 万元,剩余 60 万元不够方案 F 投资之用,由于项目的不可分性,不能选 F 方案,而可选择

B方案,其投资额刚好为60万元,这样资金全部用完,故最佳方案组合为D、C、E、B。

(3)根据可利用资金限额为450万元的条件,可以选择D、C、E、F、B方案,还剩余50万元,不够方案G投资之用,又不能选择净现值小于零的A方案,只能选择D、C、E、F、B为最优方案组合,所剩余资金可用于投资任何可能达到基准收益率的项目。

本章小结

本章介绍了技术方案经济效果评价常见的一些指标,如:净现值、净年值、净现值指数、费用现值和费用年值、内部收益率和投资回收期。

这些指标各有各的适用范围和评判标准。就考察内容而言,费用现值和费用年值指标分别是净现值和净年值的特例;就评价结论而言,对于单一方案,净现值与净年值、净现值指数、内部收益率是等效指标。也就是说,若某一个方案的净现值大于等于0,则它的净年值肯定也大于等于0,净现值指数肯定也大于等于0,内部收益率肯定大于等于基准折现率,这些都符合该方案可行的评判标准。

净现值反映的是在整个寿命期中全部投资的盈利能力;净现值指数反映的是在整个寿命期中单位投资的盈利能力。如果在多方案比选时净现值和净现值指数所分析的结果不一致,就要根据投资者的实际情况来进行选择,如果投资者手上资金充足,并且投资者追求的是利润最大化,那么就可以选择净现值大的投资方案;如果投资者手上的资金有限,并且投资者追求的是单位投资效益,希望每一分钱都能发挥最大的作用,那么就可以选择净现值指数大的投资方案。

在独立方案的经济评价中,跟单一方案的评价标准是一样的,只要从等效指标中选择一个指标来检验即可,只要方案通过了绝对经济效果检验,就可选择。

在互斥方案的经济评价中,可采用绝对经济效果与相对经济效果检验相结合的分析方法。对于寿命周期相同的互斥方案,也可采用差额分析方法。净现值最大化准则、差额净现值、差额内部收益率得出的结论始终是一致的,但一般不直接采用内部收益率指标进行比较。

对于寿命期不同的互斥方案的比选,可以采用最小公倍数法和年值法。最小公倍数法的关键是对各方案在重复过程中的现金流量做出比较合理的估计和预测,计算较烦琐。而年值法在对寿命周期不同的互斥方案进行比选时,是最为简便的方法。

在受资金限制的独立方案比选时,可采用净现值指数排序法和方案组合法。净现值指数排序法在许多情况下不能保证现有资金的充分利用,不能达到净现值最大的目的,而方案组合法能克服这一缺陷。

本章思维导图

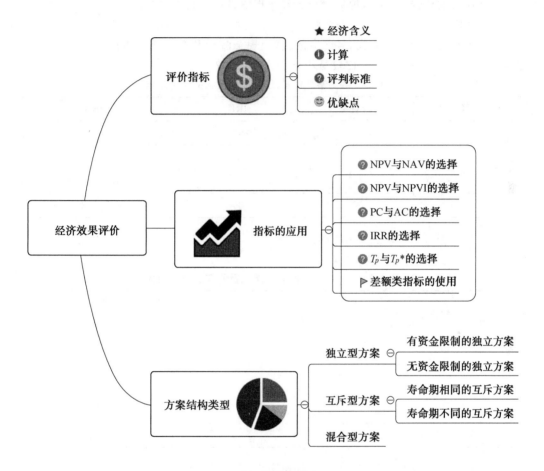

本章习题

1. 经济效果评价中,动态评价指标主要有哪些?说明各指标的概念、计算公式、判断准则及适用范围。

2. 有资源限制的独立方案有哪些评价方法?如何选择?

3. 互斥方案比选时,用净现值法和差额内部收益率进行项目优选的结论( )。
   A. 相同　　　　　B. 不相同　　　　C. 不一定相同　　D. 近似

4. 两个投资方案 A 和 B,方案 B 的投资额大于方案 A,按照差额净现值的比选准则,若 $\Delta NPV_{B-A} > 0$,则( )。
   A. 投资小的 A 方案为优　　　　　　B. 投资大的 B 方案为优
   C. 所有的方案都不可行　　　　　　D. 所有的方案都可行

5. 某建设项目,当 $i_1 = 20\%$ 时,净现值为 78.70 万元;当 $i_2 = 23\%$ 时,净现值为 -60.54 万元,该建设项目的内部收益率为( )。

  A. 14.25%   B. 21.75%   C. 35.65%   D. 22.42%

6. 互斥方案比选时，用净现值法和内部收益率进行项目优选的结论（　　）。
  A. 相同   B. 不相同   C. 不一定相同   D. 近似

7. 互斥方案比选时，用净现值法和差额净现值进行项目优选的结论（　　）。
  A. 相同   B. 不相同   C. 不一定相同   D. 近似

8. 某项目有 4 种互斥方案，各方案的投资、现金流量及有关评价指标见表 4.29，若已知基准收益率为 18%，则经过比较最优方案为哪一个？

表 4.29　各方案的投资、现金流量及有关评价指标

方案	投资额	IRR	ΔIRR
A	250	20%	—
B	350	24%	$\Delta IRR_{B-A}=20.0\%$
C	400	18%	$\Delta IRR_{C-B}=5.3\%$
D	500	26%	$\Delta IRR_{D-B}=31.0\%$

  A. A 方案   B. B 方案   C. C 方案   D. D 方案

9. 有 A、B、C、D 4 个方案，见表 4.30。

表 4.30　各方案的投资、现金流量及有关评价指标

方案	初始投资/元	IRR	差额内部收益率 ΔIRR（j 方案－k 方案）		
			k=A 时	k=B 时	k=C 时
A	－100 000	19%	—	—	—
B	－175 000	15%	9%	—	—
C	－200 000	18%	17%	23%	—
D	－250 000	16%	12%	17%	13%

如果这 4 个方案是互斥的，当基准收益率为 15% 时，应选（　　）。
  A. A 方案   B. B 方案   C. C 方案   D. D 方案

10. 有甲、乙两个方案，其寿命期甲较乙长，在各自的寿命期中，两方案的净现值大于 0 且相等，则（　　）。
  A. 甲方案较优   B. 乙方案较优   C. 两方案一样   D. 无法评价

11. 某项目的现金流量见表 4.31，$i_0=10\%$。单位：万元。
(1) 将表格①②中的数据补充完整。
(2) 计算该项目的 NPV、NAV、NPVI、T_P、T_P^*、IRR。
(3) 判断该项目的可行性。

表 4.31　某项目的现金流量表

年份	0	1	2	3	4	5
净现金流量	−800	−600	350	350	350	1 000
累计净现金流量	−800	−1 400	−1 050	−700	−350	650
净现金流量现值($i_0=10\%$)	−800	−545.46	289.24	262.96	239.05	①
累计净现金流量现值($i_0=10\%$)	−800	−1 345.46	−1 056.22	−793.26	−554.21	②
净现金流量现值($i_0=12\%$)	−800	−535.74	279.02	249.13	222.43	567.40
累计净现金流量现值($i_0=12\%$)	−800	−1 335.74	−1 056.72	−807.59	−585.16	−17.76

12. 某工程项目的初始投资为 600 万元,年净收益为 250 万元,寿命期为 4 年,期末净残值为 30 万元,基准折现率为 8%。试选择合适的指标评价该项目的可行性。

13. 有 3 个互斥方案,寿命期均为 10 年,基准折现率为 10%。各方案的初始投资和年净收益见表 4.32。

(1)用净现值指标在 3 个方案中选择最优方案。
(2)用净年值指标在 3 个方案中选择最优方案。
(3)用差额净现值指标在 3 个方案中选择最优方案。
(4)用差额内部收益率指标在 3 个方案中选择最优方案。
(5)以上各指标所得出的结论是否一致?说明了什么?

表 4.32　各方案的初始投资和年净收益

方案	初始投资/万元	年净收益/万元
A	49	10
B	60	12
C	70	13

14. 已知 A、B 方案的计算期分别为 5 年和 7 年,它们的净现金流量情况见表 4.33,基准折现率是 12%,试选择合适的指标评价选择。

表 4.33　各方案净现金流量表　　　　　　　　　　　　　　　单位:万元

项目	年份						
	1	2	3	4	5	6	7
A	−100	30	30	30	50		
B	−200	50	50	50	50	50	70

某化工厂为处理污水欲购买治污设备,现有两种方案供选择:一种方案是花 300 万元购买一台国产污水处理设备,年度使用费用为 40 万元,使用寿命为 5 年;另一种方案是花 500 万元购买进口设备,年度使用费用为 16 万元,使用寿命为 10 年。基准折现率为 10%,请比较两个方案的优劣。

15. 独立方案 A、B、C 的净现金流量见表 4.34,已知资金预算 600 万元,请做出方案选择($i=10\%$)。

表 4.34 各方案净现金流量情况表 单位:万元

方案	投资额	净收益(第1~7年)	净收益(第8年)
A	200	40	50
B	300	60	80
C	280	65	70

16. 某人欲购置一台家用电器,现有两种型号可供选择,它们均能满足同样的需要。其有关数据见表 4.35,若基准收益率为 15%,试评价选择。

表 4.35 两种型号有关数据

型号	购置费/元	年运行费用/元	净残值/元	使用年限/年
A	3 000	2 000	500	3
B	4 000	1 600	0	5

17. 某人欲购置一台家用电器,现有两种型号可供选择,它们均能满足同样的需要。其有关数据见表 4.36,若基准收益率为 15%,试评价选择。

表 4.36 两种型号有关数据

型号	购置费/元	年运行费用/元	净残值/元	使用年限/年
A	3 000	2 000	500	5
B	4 000	1 600	0	5

18. 某工程有 4 个项目打算投资,现有资金 900 万元,每个投资方向有互斥方案,各方案现金流量见表 4.37,试求出最佳的方案组合。

表 4.37 各方案现金流量情况

投资项目(独立方案)	互斥方案	投资额/万元	年净收益/万元	使用寿命/年	收益率/%
Ⅰ	A_1	240	45	10	10
	B_1	250	46	10	10
	C_1	220	40	10	10
Ⅱ	A_2	300	58	8	10
	B_2	260	46	10	10
Ⅲ	A_3	260	42	10	10
	B_3	350	60	10	10
Ⅳ	A_4	400	70	10	10

第 5 章 技术经济的不确定性分析

本章内容是围绕着技术经济分析的不确定性展开的。项目经济评价所采用的数据大部分来自预测和估算,具有一定程度的不确定性,为分析不确定因素变化对评价指标的影响,估计项目可能承担的风险,应进行技术方案的不确定性分析。

不确定性分析是通过运用一定的方法计算出各种不确定因素对项目经济效果的影响程度来推断项目的抗风险能力,从而为项目决策提供更加准确的依据,同时也有利于对未来可能出现的各种情况有所估计,事先提出改进措施和实施中的控制手段。

上一章通过学习各种评价指标和评价方法对投资项目进行经济效果评价,再通过指标的评判标准来分析项目可不可行。但是,在技术经济分析中,经济效果评价时一般都是根据历史的统计数据或经验,对未来的生产状况、经济形势进行预测和判断,即使采用非常科学的预测方法,也不可避免会存在误差,从而导致预测值与实际值之间产生偏差,如果偏差过大还有可能导致错误的投资决策,给项目投资带来很大的风险。另外,项目在未来的建设投产过程中,由于外界环境可能会发生变化,与当下预测的时候外部环境会有所不同,这就使得项目经济效果评价中所用的投资、成本、产量、价格等基础数据的估算与实际产生偏差,而这些因素也直接影响方案总体经济指标值,导致最终经济效果实际值偏离预测值,给投资者经营带来风险。由此可见技术经济分析的结论是存在不确定性的。

5.1 进行不确定性分析的必要性

1. 规定与要求

国家发展改革委与建设部发布的《建设项目经济评价方法与参数》(第三版)规定:在完成投资项目基本方案的财务效益评价和国民经济效益评价后,要做项目的不确定性分析。目的是了解某些因素在诸如物价浮动、技术装备和生产工艺变革、产能变化、建设资金不足或建设工期延长、政府政策和规定发生变化等不确定性条件下,对投资项目效益可能带来的影响或发生的变化,以提供充分的信息,为投资项目决策服务。不确定性分析是投资项目决策分析与评价过程中所进行的一项重要工作。

不确定性分析主要有三种方法:盈亏平衡分析、敏感性分析和概率分析。

这三种不确定性分析方法都有各自的特点,适用的情况不同,反映的问题、揭示的结果也不同。

对投资方案进行不确定性分析,有助于对工程项目各因素的影响趋势和影响程度有一个定量的估计;有助于对工程项目的不同方案做出正确的选择,即注重各方案在项目因素发生变化和波动后的效果,然后再从中选出最佳方案。

2. 不确定性分析的基本思路

在常规资源的约束条件下,进行项目不确定分析通常是在财务评价和国民经济评价分析的基础上,通过估计可能出现的不确定性因素对经济效益分析评价的影响,避免项目建成投产后不能获得预期利润或造成亏损现象的发生,提高项目投资决策的科学性和可靠性。

按建设项目的类型、特点和该项目对国民经济的影响程度,选择建设项目分析的具体内容和方法。可在同时进行财务评价和国民经济评价的基础上,有选择地仅对大中型项目的财务分析做盈亏平衡分析、敏感性分析和概率分析,而对某些重大骨干项目或风险性较大的项目,则必须进行风险分析,以估计项目可能存在的风险,考察项目的财务可靠性,提高经济性分析与评价的准确度和可信度,避免和减少投资决策的失误,为投资决策提供科学的客观依据。

5.2 盈亏平衡分析

盈亏平衡分析也叫量本利分析或 BEP 分析。顾名思义,盈表示盈利,亏表示亏损,盈亏平衡,那也就是既不盈利也不亏损的状态,所以盈亏平衡分析,就是要通过分析找出方案盈利和亏损的产量、单价、成本等方面的临界值,以判断不确定性因素对方案经济效果的影响程度,说明方案实施的风险大小。这个临界值称为盈亏平衡点,也就是当项目的某一参数达到某一数值时,项目收入与成本达到平衡的点。

盈亏平衡点的计算主要依靠量本利模型。所谓量本利模型,指的是产量、成本和利润三者之间的关系。

销售收入等于产品单价乘以销量。总成本费用等于固定成本加上可变成本。因为可变成本随着产量的增加而增加,所以可变成本又等于单位产品可变成本乘以产量。

利润等于销售收入减去总成本费用。在盈亏平衡点时,既不盈利也不亏损,也就是说利润等于 0,因此可以得出盈亏平衡点的等式为

$$销售收入 = 总成本费用$$

盈亏平衡分析 ⟶ 量本利模型

$$B = PQ$$
$$C = C_f + C_v Q$$

式中　B——销售收入;
　　　P——单位产品价格;
　　　C——总成本费用;
　　　C_f——固定成本;
　　　C_v——单位产品变动成本;
　　　Q——产品的产销量。

$$利润\ L = B - C = PQ - (C_f + C_v Q)$$

当盈亏平衡时,$L = 0$,即

$$PQ = C_f + C_v Q \tag{5.1}$$

盈亏平衡分析可分为线性盈亏平衡分析和非线性盈亏平衡分析。

1. 线性盈亏平衡分析

线性盈亏平衡分析计算简单,易于理解。但是要基于一定的假定条件,也就是在理想的条件下进行分析,但这种理想条件可能在实际中很难得到满足。

具体线性盈亏平衡分析的假设条件如下。

(1) 产量等于销量，即生产出来的产品能够全部销售出去。

(2) 销售收入随销量成线性变化，即销售收入在图上是一条直线。

(3) 固定成本保持不变。

(4) 可变成本随产量成线性变化，即总成本费用（固定成本＋可变成本）在图上是一条直线。

根据这些假设条件可以画出线性盈亏平衡图（图 5.1）。结合盈亏平衡图可以发现，销售收入与总成本费用的交点即为盈亏平衡点，在这个盈亏平衡点左边的区域是亏损区；在这个盈亏平衡点右边的区域是盈利区。这个盈亏平衡点所对应的产量则为盈亏平衡点产量，也是企业必须生产的最低产量，如果企业生产的产量低于这个盈亏平衡点产量，企业则处于亏损状态。

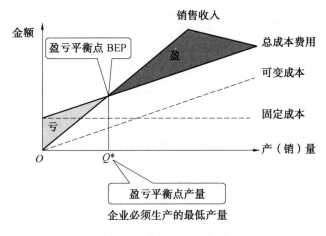

图 5.1 线性盈亏平衡图

即：在交点处

$$PQ = C_f + C_v Q$$

则计算出盈亏平衡点产量

$$Q^* = \frac{C_f}{P - C_v}$$

由此可以推导出其他不同要素，即销售收入、单价、单位产品变动成本表示的盈亏平衡点，公式为

$$B^* = PQ^* = \frac{PC_f}{P - C_v}$$

$$P^* = C_v + \frac{C_f}{Q_d}$$

$$C_v^* = P - \frac{C_f}{Q_d}$$

$$E^* = \frac{Q^*}{Q_d} \times 100\% = \frac{C_f}{(P - C_v)Q_d} \times 100\% \tag{5.2}$$

要注意：表示盈亏平衡点时，在字母上加*。

最后一个公式 E^* 表示盈亏平衡的生产能力利用率，等于盈亏平衡点产量 Q^* 除以设

计生产能力 Q_d。

设计生产能力指的是正常年份的生产量,E^* 则表示最低生产量要达到正常生产量的多少比例才刚好盈亏平衡。

另外,在盈亏平衡分析中,如果要考虑税金因素,设 T 为单位产品销售税金及附加,则在公式中单价 P 后面减去 T,即

$$(P-T)Q = C_f + C_v Q \tag{5.3}$$

各要素表示的平衡点的计算公式分别为

$$Q^* = \frac{C_f}{P-T-C_v}$$

$$B^* = PQ^* = \frac{PC_f}{P-T-C_v}$$

$$P^* = T + C_v + \frac{C_f}{Q_d}$$

$$C_v^* = P - T - \frac{C_f}{Q_d}$$

$$E^* = \frac{Q^*}{Q_d} \times 100\% = \frac{C_f}{(P-T-C_v)Q_d} \times 100\% \tag{5.4}$$

从盈亏平衡点的计算公式和盈亏平衡图可以看出,盈亏平衡点越低,达到此点的盈亏平衡产销量就越少,技术方案投产后盈利的可能性就越大。适应市场变化的能力越强,抗风险能力也越强。

为了说明经营风险性的大小,引入经营安全系数 S 这个概念。

S 具体的计算其实就是 1 减去盈亏平衡的生产能力利用率,即 1 减去 E^*。

$$S^* = \frac{Q_d - Q^*}{Q_d} \times 100\% = 1 - E^* \tag{5.5}$$

S 越高,即经营越安全,项目风险越小。一般 S 在 30% 以上,项目则认为是安全的,如果低于 10%,则是危险的。若在多方案比选时,应选择经营安全率最高的方案为经济合理方案。

经营安全的判定:

S 值: 10%以下   10%~15%   15%~25%   25%~30%   30%以上
判定: 危险   应警惕   不太安全   较安全   安全

哪些因素会影响盈亏平衡点呢?从盈亏平衡点的计算公式和盈亏平衡图分析可知,固定成本越高,盈亏平衡点就越高;销售价格越高,盈亏平衡点就越低;单位变动成本越高,盈亏平衡点就越高。总结起来就是:销售收入增加,盈亏平衡点就低;总成本费用增加,盈亏平衡点就高。

例 5.1 某工厂设计生产能力为 4 万件/年,产品销售价格为 100 元/件,年总成本费用为 300 万元,其中固定成本为 100 万元。试求以产量、销售收入、销售价格和单位产品变动成本表示的盈亏平衡点,并分析其风险大小。

解 题中要求用不同的要素表示盈亏平衡点,可以根据销售收入等于总成本费用这个公式来计算。计算哪一个要素的盈亏平衡点时,其他要素则是已知的,可以从题目条件中找。

套用公式,结果为

$$C_v = \frac{C - C_f}{Q_d} = \frac{300 - 100}{4} = 50(元/件)$$

$$Q^* = \frac{C_f}{P - C_v} = \frac{100}{100 - 50} = 2(万件)$$

$$B^* = PQ^* = 100 \times 2 = 200(万元)$$

$$P^* = C_v + \frac{C_f}{Q_d} = 50 + \frac{100}{4} = 75(元/件)$$

$$C_v^* = P - \frac{C_f}{Q_d} = 100 - \frac{100}{4} = 75(元/件)$$

那么风险如何呢?通过计算

$$E^* = \frac{Q^*}{Q_d} \times 100\% = \frac{2}{4} \times 100\% = 50\%$$

$$S = 1 - E^* = 50\%$$

比照经营安全性的判定标准可得出这个项目是安全的。

2. 非线性盈亏平衡分析

线性盈亏平衡分析都是假定销售收入线和总成本费用线是随着产量变化呈线性变化的。那么在实际中,当产量达到一定数额时,市场趋于饱和,产品可能会滞销或降价,这时呈非线性变化;而当产量增加到超出已有的正常生产能力时,可能会增加设备,要加班时还需要加班费,此时可变费用呈非线性变化。

在非线性盈亏平衡里,销售收入、总成本费用与产量呈非线性关系时所对应的盈亏平衡点则为非线性盈亏平衡点。

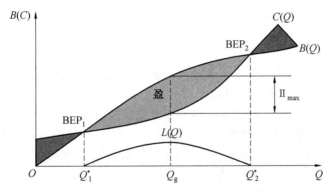

图 5.2 非线性盈亏平衡图

从非线性盈亏平衡图(图 5.2)可以看出,销售收入和总成本费用会产生两个交点,两个交点对应的产量则为盈亏平衡点产量 Q_1^* 和 Q_2^*,与线性平衡点相同,运用销售收入等于总成本的方程来进行求解两个盈亏平衡点产量。交点两边的区域为亏损区,交点中间的区域为盈利区,并且在盈利区我们会发现两条曲线之间的距离由小变大,再由大变小,所以还可以计算出一个关键数据——最大利润。通过构建利润函数式,进行对产量 Q 的一阶求导计算出最值,再通过二阶求导判断是否为最大值。

$C(Q)$ 与 $B(Q)$ 有两个交点 BEP_1 和 BEP_2,这两个交点就是盈亏平衡点,对应的产量就是盈亏平衡产量 Q_1^* 和 Q_2^*。

当 $Q>Q_1^*$ 或 $Q>Q_2^*$ 时,亏损。

当 $Q_1^*<Q<Q_2^*$ 时,盈利。

设销售收入函数为 $B(Q)$,总成本函数为 $C(Q)$,利润函数为 $L(Q)$,则
$$L(Q)=B(Q)-C(Q)$$

在盈亏平衡点,$B(Q)=C(Q)$,即 $L(Q)=B(Q)-C(Q)=0$,据此方程可求得两个盈亏平衡点 Q_1^* 和 Q_2^*。要使利润达到最大值,则需要 $L'(Q)=0$;$L''(Q)<0$。

例 5.2 假如前面线性盈亏平衡分析的例子中,产品销售价格为 100 元/件,每多销售一件,价格则下降 0.000 4 元。固定成本为 100 万元,单位可变成本为 50 元/件,每多生产一件,可变成本增加 0.000 1 元。试求盈亏平衡点产量,并计算出最大利润。

首先求盈亏平衡点产量,通过销售收入等于总成本费用的方程来进行求解
$$(100-0.000\ 4Q)Q=1000\ 000+(50+0.000\ 1Q)Q$$
$$Q_1^*=2.764(万件) \quad Q_2^*=7.236(万件)$$

得出盈亏平衡点产量为 2.764 万件和 7.236 万件,再通过构建利润函数式
$$L=B-C=-0.000\ 5Q^2+50Q-1000\ 000$$

对 Q 进行一阶求导,$L'(Q)=-0.001Q+50=0$ 求出 $Q=5$(万件),二阶求导 $L''(Q)=-0.001<0$,得出 5(万件)即为最大利润对应的产量,所以将 Q 等于 5 带入利润函数式,$L(50\ 000)=250\ 000$(元),即计算出最大利润为 25 万元。

3. 互斥方案的优劣平衡分析

在需要对若干个互斥方案进行比选的情况下,如果有一个共有的不确定性因素影响这些方案的取舍,可以先求出令两个方案某个评价值相等的盈亏平衡点,再根据盈亏平衡点进行方案的取舍。

具体的操作过程为:先假设两个互斥方案的经济效果都受到某不确定因素 x 的影响,把 x 看作一个变量,把两个方案的经济效果指标都表示为 x 的函数
$$E_1=f_1(x),E_2=f_2(x)$$
式中,E_1 和 E_2 分别为方案 1 与方案 2 的经济效果指标。

当两个方案的经济效果相同时,$f_1(x)=f_2(x)$,从方程中解出 x 的值,即为方案 1 与方案 2 的优劣盈亏平衡点,也就是决定这两个方案优劣的临界点。

例 5.3 加工某种产品有两种备选工艺,费用见表 5.1,若选用工艺 A 需初始投资 40 万元,加工每件产品的费用为 16 元,若选用工艺 B 需初始投资 60 万元,加工每件产品的费用为 12 元。假定任何一年的残值均为零,若生产年限为 5 年,基准折现率为 10%,年产量为多少时选用工艺 B 比较有利?

表 5.1 两种备选工艺费用表

	初始投资/万元	每件产品加工费/元	寿命期/年	基准折现率/%	残值
工艺 A	40	16	5	10	0
工艺 B	60	12	5	10	0

解 首先选择一个经济效果指标,从给定的条件来看,选择费用现值这个指标比较合适。再选择不确定因素,既然是根据年产量多少选择有利的工艺,那么不确定因素自然就是产量 Q,所以构造两个方案的费用现值表示为产量的函数

$$PC_A = 400\ 000 + 16Q(P/A, 10\%, 5)$$
$$PC_B = 600\ 000 + 12Q(P/A, 10\%, 5)$$

当两个方案的经济效果相同时，A 的费用现值等于 B 的费用现值

$$400\ 000 + 16Q \times 3.791 = 600\ 000 + 12Q \times 3.791$$
$$Q^* = 13\ 189(件)$$

计算出 Q^* 等于 13 189 件，画出盈亏平衡图(图 5.3)。

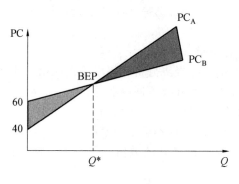

图 5.3　盈亏平衡图

可以看出在交点右边区域，B 的费用现值小于 A 的费用现值，工艺 B 比较有利。所以，当年产量大于 13 189 件时选用工艺 B 比较有利。

盈亏平衡分析的原理和计算都最为简单，有利于确定项目的合理生产规模。但它有一系列假设条件，与实际不完全符合，降低了其分析的可靠性，并且最终的分析结果只能给出项目总体的抗风险能力，而不能反映各风险因素的影响程度。因此，盈亏平衡分析方法只能作为项目评价检验的辅助手段，要和其他的不确定分析方法结合使用。

5.3　敏感性分析

项目的经济效果分析发生在投资前期，是对未来将要发生的项目进行经济效果预测，所以会有很多不确定性因素产生，这些不确定性因素发生变化会对项目的经济效果产生影响，在前期分析的时候要能够对项目承受各种风险的能力做出判断，对不确定性因素加以控制。但因为不确定性因素较多，敏感性分析则是在影响项目经济效果的不确定因素中，通过测定一个或多个不确定因素的变化对经济评价指标的影响程度，从而对外部条件发生不利变化时投资方案的风险承受能力做出判断，有些因素发生变化可能对项目评价不会产生很大的影响，而有些因素发生细小的变化可能会对项目评价产生很大的影响，称之为敏感因素。

敏感性分析可以分为单因素敏感性分析和多因素敏感性分析。

1. 单因素敏感性分析

单因素敏感性分析是假定只有一个不确定性因素发生变化，其他因素不变时，分析对方案经济效果的影响程度。

敏感性分析的基本思路为：预测项目的主要不确定因素可能发生的变化，分析不确定因素的变化对经济评价指标的影响程度，从中找出敏感因素，提出相应的控制对策，减少

项目的风险性,为科学决策提供依据。比如:投资和年经营成本都是不确定因素,投资增加10%,导致NPV减少3%;年经营成本增加10%,导致NPV减少8%,此时可以说年经营成本比投资敏感。

单因素敏感性分析的计算步骤如下。

第一步,选择需要分析的不确定因素。

一般选择那些变动可能性较大,且变化会比较强烈的因素,或者在确定性分析中数据精确性不大、难以预测的因素。通常选择产品产量、价格、经营成本、投资额、利率等作为敏感性分析因素。

第二步,确定敏感性分析指标。

敏感性分析指标应与确定性经济分析所使用的指标相一致。可作为敏感性分析的指标有净现值、净年值、内部收益率和投资回收期等。

第三步,研究并设立不确定因素的变动范围。

一般根据实际情况,设定所选择不确定因素的变动幅度,其他因素固定不变。因素的变动可以按照一定的变化幅度改变它的数值。如测定不确定因素将来可能变动±5%、±10%、±15%、±20%等。

第四步,计算不确定因素变动导致的经济评价指标的变动结果。

建立分析指标与不确定因素变化之间的函数关系,根据因素变动幅度计算分析指标的数值。

根据计算结果,画出敏感性分析图,纵坐标表示分析指标,横坐标表示不确定因素的变化率。

第五步,从第四步的计算结果和敏感性分析图中来测定敏感性因素。

一般根据不同的情况有两种测定方法。

一是相对测定法。

主要是通过不确定因素变化相同幅度,看评价指标变动幅度。具体可以用敏感度系数来计算。

$$\frac{某不确定因素}{敏感度系数} = \frac{评价指标相对基本方案的变化率}{该不确定因素变化率} \quad (5.6)$$

即项目效益指标变化的百分率与不确定因素变化的百分率之比。

敏感度系数高,表示项目效益对该不确定因素敏感程度高,提示应重视该不确定因素对项目效益的影响。

比如:投资增加2%,导致NPV减少4%,年经营成本增加5%,导致NPV减少12%,那么投资的敏感度系数则为$\frac{4\%}{2\%}=2$。年经营成本的敏感度系数则为$\frac{12\%}{5\%}=2.4$。所以,年经营成本比投资敏感。

二是绝对测定法。

主要是通过取评价指标的临界值,求出分析因素最大允许的变动幅度。然后与其可能出现的最大变动幅度相比较,如果可能出现的变动幅度超过最大允许的变动幅度,表明该因素是敏感因素。

如图5.3所示,通过预测年经营成本未来可能会在正负20%的范围内波动,现计算发现若NPV大于等于0,年经营成本的最大允许的变动幅度为12%,也就是如果年经营成本的变动幅度超过了12%,则NPV就小于0了,项目就不可行了。因为预测未来的变动幅度是20%,那变动超过12%的可能性就很大,所以可以说年经营成本是敏感性因素。

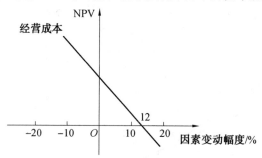

图 5.3 绝对测定法作敏感性分析

第六步则是对项目风险状况做出评价。也就是分析总结最终的结论。

例 5.4 由于对未来影响经济环境的某些因素把握不大,投资、经营成本和产品价格均有可能在20%的范围内变化。试分别就上述3个不确定因素做敏感性分析。见表5.2。

表 5.2 某项目投资情况表

项目	投资/万元	寿命期/年	销售收入/万元	经营成本/万元	残值/万元
项目	300	5	150	60	60

解 第一步,选择需要分析的不确定因素。题目中已经说明了,投资、经营成本和产品价格为不确定因素。

第二步,确定敏感性分析指标。根据已知条件,可以选择净现值指标。并且计算出3个因素都没有变化的情况下

$$NPV=-300+(150-60)(P/A,10\%,5)+60(P/F,10\%,5)=78.4（万元）$$

设投资额、经营成本、和产品价格变动的百分比分别为 x,y,z,分别建立起净现值与 x,y,z 的函数式,要注意,价格的变化其实就是销售收入的变化。

$$NPV=-K(1+x)+(B-C)(P/A,10\%,5)+L(P/F,10\%,5)$$
$$NPV=-K+[B-C(1+y)](P/A,10\%,5)+L(P/F,10\%,5)$$
$$NPV=-K+[B(1+z)-C](P/A,10\%,5)+L(P/F,10\%,5)$$

第三步,研究并设立不确定因素的变动范围。题目中已经说明了可能在20%的范围内变化,即-20%到+20%的范围。

第四步,计算不确定因素变动导致的经济评价指标的变动结果。这一步计算量比较大,具体结果见表5.3。

表 5.3 净现值指标敏感性分析计算表

	+20%	+15%	+10%	+5%	0	-5%	-10%	-15%	-20%
投资额	18.4	33.4	48.4	63.4	78.4	93.4	108.4	123.4	138.4
经营成本	32.9	44.3	55.7	67.1	78.4	89.8	101.2	112.5	123.9
产品价格	192.2	163.7	135.3	106.9	78.4	50.0	21.6	-6.9	-35.3

要注意的是,这里是单因素敏感性分析,所以一个因素变动时,要假设其他因素不动,再计算出相对应的净现值。整个的变动过程可以用敏感性分析图(图5.4)来表示。

第五步,确定敏感性因素。

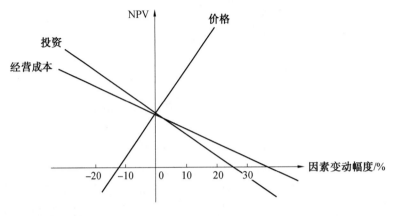

图 5.4　敏感性分析图

从图 5.4 中可以看出,敏感性排序为产品价格>投资>经营成本,具体计算净现值等于 0 时各因素变动幅度。当 NPV=0 时,各不确定因素临界变化点分别为:$x=26.15\%$,$y=34.49\%$,$z=-13.80\%$,也就是如果其他两个因素不变,投资额增加 26.15%以上,经营成本高于预期的 34.49%以上,产品价格低于预期的 13.8%以上,方案变得不可接受。

最后一步,对项目的风险状况做出总结。对本投资方案,产品价格是敏感因素,应对未来产品价格及其可能变动范围做出精确的预测和估算。如果产品价格低于预期的 13.8%,则说明项目有较大风险。

至于投资额和经营成本,即使增加 20%也不会影响决策结论,为不敏感因素。

单因素敏感性分析的优点是便于一目了然地看出哪个因素对评价指标最敏感,哪个因素不敏感。但它是在一个很强的假定条件下:只变动某一因素,其他因素不变。这实际上是很难成立的。实际上可能会有两个或两个以上的因素同时变动,此时单因素敏感性分析就不能反映项目承担风险的状况。因此,必要且有可能时,可进行多因素敏感性分析。

2. 多因素敏感性分析

多因素敏感性分析是在不确定性因素两个或多个同时变化时,分析对方案经济效果的影响程度。

例 5.5　根据例 5.4 给出的数据进行投资和经营成本的多因素敏感性分析。

解　设投资额和经营成本变动的百分比分别为 x、y,建立 NPV 和 x、y 的二元一次函数式

$$NPV=-K(1+x)+[B-C(1+y)](P/A,10\%,5)+L(P/F,10\%,5)$$
$$NPV=78.4-300x-227.5y$$

令

$$NPV=0$$

则构建了一个 y 关于 x 的函数式

$$y=-3.8265x+0.3446$$

画出相应的敏感性分析图(图5.5)。

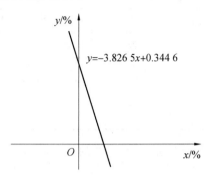

图 5.5 多因素敏感性分析图

从图 5.5 中可以看出，$y=-3.8265x+0.3446$ 为临界线。在临界线上，NPV=0。在临界线的左下方区域，NPV>0。在临界线的右上方区域，NPV<0。

所以，如果投资和经营成本同时变动，只要变动范围不超过临界线的区域，方案都是可接受的。

敏感性分析方法是投资决策中进行方案优选和评审项目不可缺少的决策手段，有助于决策者更为详细地了解各方面的风险情况，帮助决策者进行正确决策。但敏感性分析也有不足之处，它只是分析了项目经济效果评价指标对各种不确定因素的敏感程度，以及项目可行所能允许的不确定因素变化的极限值，却没有考虑各种不确定因素在未来发生各种变化的概率，所以，这种分析的结论难免带有很大的片面性。这就需要借助于另一种不确定分析方法——概率分析来弥补。

5.4 概率分析与决策树

盈亏平衡分析和敏感性分析只是假定在各个不确定因素发生变动可能性相同的情况下进行的分析，而忽略了它们是否发生和发生的可能性有多大。只有概率分析才能明确这类问题。

概率分析是研究不确定因素和风险因素按一定概率变动时，对项目方案经济评价指标产生影响的一种定量分析方法。一般对于大型的重要项目，在经济效益分析时可以从项目特点和实际需要出发，在有条件情况下进行概率分析。概率分析法通常采用期望值法和决策树法两种方法进行。

1. 期望值法

期望值法大致有以下几个步骤。

首先列出各种需要考虑的不确定性因素，设想各不确定性因素可能发生的情况，再分别确定每种情况发生的可能性，也就是发生的概率，然后分别求出各可能发生事件的经济效果，最后求出经济效果的期望值，或者求出经济效果可行(如：NPV≥0)的累计概率。

例 5.6 已知某投资方案参数及其概率分布见表 5.4，试求净现值大于或等于零的概率。

表 5.4　某投资方案参数及其概率分布表

投资额/万元		年净收益/万元		贴现率		寿命期/年	
数值	概率	数值	概率	数值	概率	数值	概率
120	0.3	20	0.25	10%	1.00	10	1.00
150	0.5	28	0.40				
175	0.2	33	0.20				
		36	0.15				

解 根据参数的不同数值,共有 12 种可能的组合状态,每种状态的组合概率及所对应的净现值计算结果见表 5.5。

表 5.5　各种不同组合状态下净现值的计算　　　　　　　　单位:万元

投资	175				150				120			
年净收益	20	28	33	36	20	28	33	36	20	28	33	36
组合概率	0.05	0.08	0.04	0.03	0.125	0.20	0.10	0.075	0.075	0.12	0.06	0.045
净现值	−52.12	−2.97	27.75	46.18	−27.12	22.03	52.75	71.18	2.88	50.03	82.75	101.18

将表 5.5 中数据按净现值大小进行重新排列,可得累计概率分布,见表 5.6。

表 5.6　净现值累计概率表　　　　　　　　单位:万元

净现值	−52.12	−27.12	−2.97	2.88	22.03	27.75	46.18	50.03	52.75	71.18	82.75	101.18
概率	0.05	0.125	0.08	0.075	0.20	0.04	0.03	0.12	0.10	0.075	0.06	0.045
累计概率	0.05	0.175	0.255	0.33	0.53	0.57	0.60	0.72	0.82	0.895	0.955	1.00

由此可以得出净现值大于或等于零的概率为:1−0.255＝0.745,可见方案可行的概率为 74.5%,风险较小。

当对多个投资方案进行比较时,如果是效益指标,认为期望值较大的方案较优;如果是费用指标,则认为期望值较小的方案较优。如果期望值相同,标准差较小的方案风险更低;如果多个方案的期望值与标准差均不相同,则变异系数较小的方案风险更低。

例 5.7　市场销路情况有 3 种可能,对应 3 个概率,且每种情况下对应的方案净现值见表 5.7。

第 5 章 技术经济的不确定性分析

表 5.7 各方案净现值、自然状态及概率

市场销路	概率	方案净现值/万元		
		A	B	C
销路好	0.25	83	87	94
销路一般	0.5	52	43	50
销路差	0.25	23	25	36

解
$$E(A)=83\times0.25+52\times0.5+23\times0.25=52.5$$
$$E(B)=87\times0.25+43\times0.5+25\times0.25=49.5$$
$$E(C)=94\times0.25+50\times0.5+36\times0.25=57.5$$
$$\sigma(A)=21.22$$
$$\sigma(B)=28.86$$
$$\sigma(C)=21.84$$
$$V(A)=\sigma(A)/E(A)=21.22/52.5=0.4042$$
$$V(B)=\sigma(B)/E(B)=28.86/49.5=0.5830$$
$$V(C)=\sigma(C)/E(C)=21.84/57.5=0.3798$$

通过计算净现值的期望值,发现 C 方案的期望值最大,再计算 3 个方案净现值的标准差得出 A 方案的标准差最小,所以 C 方案较优,但 A 方案的风险更低。再计算 3 个方案净现值的变异系数,得出 C 方案的变异系数最小,所以 C 方案的风险比 A 方案小,因此,可以选择方案 C 为最优方案。

2. 决策树法

概率分析中另外一种比较常见的方法是决策树法。决策树法是利用一种树型决策网络描述与求解风险决策问题的方法。该方法通常适用于多阶段的决策分析。决策树由不同的节点和分枝组成。

符号"□"表示的节点称为决策节点,由决策节点引出的每一分枝表示一个可供选择的方案。

符号"○"表示的节点称为状态节点,从状态节点引出的每一分枝表示一种可能发生的状态。

每一状态分枝的末端为结果节点,用符号"△"表示。

画决策树的顺序是从左到右,决策树画完后,应对每一节点进行编号,以便分析。

根据各种状态发生的概率与相应的损益值分别计算每一方案的损益期望值,计算的顺序是从右往左,并将其计算的结果标在相应的节点上,就可以直观地判断出应选择哪个方案,将余下的方案剪掉,称为"剪枝"。

如图 5.6 所示为例 5.7 的决策树。最后选择的是 C 方案,所以将 C 方案这一分枝保留,将另外两条分枝剪掉。这个决策树是一个比较简单的一级决策树,树上只有一个决策节点 I。

在日常分析中,决策树法常用于多级风险决策问题,也就是有两个或两个以上的决策节点,在分析的时候,要进行两次或两次以上的决策,才能选出最优方案。

例 5.8 某地区为满足水泥产品的市场需求,拟扩大生产能力规划建水泥厂,提出了

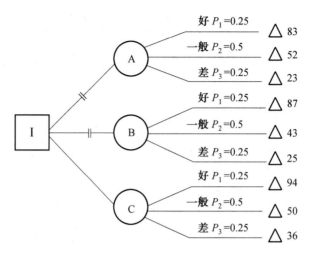

图 5.6 一级决策树(单位:万元)

3 个可行方案。

方案一:新建大厂,投资 900 万元,销路好时每年获利 350 万元,销路差时亏损 100 万元,经营限期 10 年。

方案二:新建小厂,投资 350 万元,销路好时每年可获利 110 万元,销路差时仍可以获利 30 万元,经营限期 10 年。

方案三:先建小厂,3 年后销路好时再扩建,追加投资 550 万元,经营限期 7 年,每年可获利 400 万元。

根据市场销售形式预测,10 年内产品销路好的概率为 0.7,销路差的概率为 0.3。按上述情况用静态方法进行决策树分析,选择最优方案。

解 从题意中可以看出这是一个二级决策树(图 5.7)。第一个决策点是选择建大厂还是建小厂,第二个决策点是选择扩建还是不扩建。

首先画出第一个决策点,然后引出两条分枝表示建大厂方案和建小厂方案,建大厂方案后再引出两条分枝表示销路好时的结果和销路差时的结果。建小厂方案后面也引出两条分枝,一条是销路差时的结果,一条是销路好时,3 年后要画出第二个决策点。

第二个决策点后引出两条方案分枝,分别表示扩建和不扩建,再引出扩建后的结果,即追加投资,收益变好;和不扩建后的结果,即仍然是和前 3 年一样的收益。画决策树的同时,可以将各种状态下发生的概率与相应的损益值分别标在树枝上,以便计算。

计算的顺序是从右至左,先决策扩建还是不扩建,也就是先比较并选择节点 3 和节点 4。

节点③
$$400 \times 1.0 \times 7 - 550 = 2\ 250(万元)$$

节点④
$$110 \times 1.0 \times 7 = 770(万元)$$

决策点Ⅱ:比较扩建与不扩建。

因为 2 250>770,所以应选 3 年后扩建的方案。

通过计算比较,节点 3 的收益大于节点 4 的收益,所以应该选择 3 年后扩建,则把不

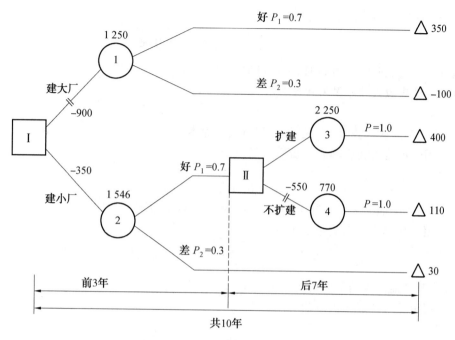

图 5.7 二级决策树(单位:万元)

扩建这一枝剪掉。

然后决策是建大厂还是建小厂,也就是要比较节点 1 和节点 2。

节点①
$$(350×0.7-100×0.3)×10-900=1250 万元$$

节点②
$$2250×0.7+110×0.7×3+30×0.3×10-350=1546 万元$$

决策点 I:比较建大厂与建小厂

因为 1 546>1 250,所以应选先建小厂。

通过计算比较,节点 2 的收益大于节点 1 的收益,所以应该选择建小厂,把建大厂这一枝剪掉。综合起来就是应该选择方案 3。先建小厂,3 年后销路好时再扩建。

5.5 案例应用

案例分析 1

运用线性盈亏平衡分析法对 H 厂项目进行生产计划分析

假定 H 厂项目的年产量为 18 万吨,其总成本为 8.32 亿元,其中总固定成本为 1.12 亿元,单位可变成本为 4 000 元/吨,销售单价为 7 000 元/吨。试用实际生产量、生产能力利用率、销售收入和保本价格计算其处于盈亏平衡时的各平衡点指标。

分析:

根据公式,解题的具体计算过程如下。

(1)用实际产量表示盈亏平衡点。
$$Q^* = \frac{11\ 200}{7\ 000 - 4\ 000} = 3.73(万吨)$$
说明产量达到 3.73 万吨时,该项目即可保本。
(2)用销售收入表示盈亏平衡点。
$$B^* = 7\ 000 \times 3.73 = 2.61(亿元)$$
说明当销售收入为 2.61 亿元时,项目也可保本。
(3)用生产能力利用率表示盈亏平衡点。
$$E^* = \frac{3.73}{18} \times 100\% = 21\%$$
说明当生产能力为设计能力的 21% 时,项目即可不盈不亏。
(4)用销售单价表示盈亏平衡点。
$$P^* = 4\ 000 + \frac{11\ 200}{18} = 4\ 622(元/吨)$$
说明产品能保本的最低销售价格为 4 622 元/吨。
(5)用单位可变成本表示盈亏平衡点。
$$C_v^* = 7\ 000 - \frac{11\ 200}{18} = 6\ 378(元/吨)$$
说明产品能保本的最高单位可变成本为 6 378 元/吨。
通过计算生产安全系数
$$S = 1 - E^* = 79\%$$
说明该项目具有较大的承担风险的能力。

案例分析 2

运用非线性盈亏平衡分析法对 H 公司拟投资项目进行生产计划分析

H 公司拟投资项目生产某种产品,根据市场调查,该产品的年固定成本为 40 万元,销售价格、单位可变成本与产销量的关系分别为:$P = 600 - 0.02Q$,$C_v = 200 + 0.02Q$。试对该项目的拟上新产品情况进行盈亏平衡分析。

分析:
根据公式,解题的具体计算过程如下。
销售收入函数
$$B = PQ = (600 - 0.02Q)Q = 600Q - 0.02Q^2$$
总成本费用函数
$$C = C_f + C_v^* Q = 400\ 000 + 200Q + 0.02Q^2$$
利润函数
$$L = B - C = -0.04Q^2 + 400Q - 400\ 000$$
欲求盈亏平衡产销量,则令
$$-0.04Q^2 + 400Q - 400\ 000 = 0$$
可求得
$$Q_1 = 1\ 127(台);Q_2 = 8\ 873(台)$$

求利润最大时的产销量,将 $L=-0.04Q^2+400Q-400\ 000$ 一阶求导,令 $L'(Q)=-0.08Q+400=0$,得出 $Q=5\ 000$(台)。

二阶求导 $L''(Q)=-0.08<0$

则当 $Q=5\ 000$ 台时,该项目可实现最大利润,即

最大利润 $=-0.04×5\ 000^2+400×5\ 000-400\ 000=600\ 000$(元)

案例分析 3

对新建 H 厂项目进行敏感性分析

某市拟新建一座大型工厂 H 厂,计划投资 3 000 万元,建设期 3 年,考虑到机器设备的各种损耗,生产期定为 15 年,项目报废时,残值和清理费正好相等。投资者的要求是:项目的投资收益率不低于 10%,试通过敏感性分析决策该项目是否可行及应采取的措施。

该项目的敏感性分析过程具体如下。

(1)基本情况下的净现值计算。

预测该项目的正常年份的各项收入与支出,以目标收益率为基准收益率,计算基本情况下的净现值,结果见表 5.8。

注:表中[1]为 6~15 年每年的数值;[2]为贴现率是 10% 时第 6~15 年时的年金现值系数,即 $(P/A,10\%,10)×(P/F,10\%,5)=6.145×0.620\ 9=3.815\ 4$。

表 5.8 H 厂项目基本情况表　　　　　　　　　　　　　　　　　单位:万元

年份	0	1	2	3	4	5	6~15
投资	500	1 500	1 000				
销售收入				100	4 000	4 900	6 200
生产成本				70	3 600	4 200	5 300
净现金流量	−500	−1 500	−1 000	30	400	700	900[1]
10% 的贴现系数	0	0.909 1	0.826 4	0.751 3	0.683 0	0.620 9	3.815 4[2]
净现值	−500	−1 363.65	−826.40	22.54	273.20	434.63	3 433.86

通过累计计算,得出该项目基本情况下的净现值为 NPV=1 474.18(万元)

从表 5.8 中可以看出,该项目正常情况下的净现值为正值,且数值较大,除满足投资者的期望收益率外,还有超额利润,该项目有较大吸引力。

对此类项目成本效益影响较大的因素有投资、建设周期、生产成本和销售价格,分别对这些因素进行敏感性分析。

(2)进行投资成本增加的敏感性分析。

假设该项目由于建筑材料涨价,投资成本上升 15%,且多出来的投资全部用在第一年的项目建设上,即原来的 3 000 万元投资额增加到 3 450 万元,多出来的 450 万元投资追加到第一年投资上,项目的净现值结果见表 5.9。

表 5.9　H 厂项目投资成本上升 15% 时基本情况表

年份	0	1	2	3	4	5	6～15
投资/万元	500＋450	1 500	1 000				
销售收入/万元				100	4 000	4 900	6 200
生产成本/万元				70	3 600	4 200	5 300
净现金流量/万元	－950	－1 500	－1 000	30	400	700	900[1]
10% 的贴现系数	0	0.909 1	0.826 4	0.751 3	0.683 0	0.620 9	3.815 4[2]
净现值/万元	－950	－1 363.65	－826.40	22.54	273.20	434.63	3 433.86

通过累计计算,得出该项目在投资成本上升 15% 时的净现值为 NPV＝1 024.18(万元)。

从表 5.9 中可见,其余条件不变,投资成本上升 15% 时,净现值已由原来的 1 474.18 万元降为 1 024.18 万元,但仍然是除满足投资者的期望收益率外,还有超额利润,该项目仍可实施。

(3)进行项目建设期周期延长的敏感性分析。

假设该项目在建设期施工过程中,由于不可抗力因素,部分工程停工一段时间,建设周期延长 1 年,并由此导致投资成本增加 100 万元,试生产和产品销售顺延 1 年,预测数据具体情况见表 5.10。

表 5.10　H 厂项目建设周期延长 1 年时基本情况表

年份	0	1	2	3	4	5	6	7～16
投资/万元	500	1 400	900	300				
销售收入/万元					100	4 000	4 900	6 200
生产成本/万元					70	3 600	4 200	5 300
净现金流量/万元	－500	－1 400	－900	－300	30	400	700	900[1]
10% 的贴现系数	0	0.909 1	0.826 4	0.751 3	0.683 0	0.620 9	0.564 5	3.468 9[2]
净现值/万元	－500	－1272.74	－743.76	－225.39	20.49	248.36	395.15	3122.01

注:[1]为 7～16 年每年的数值;[2]为贴现率是 10% 时第 7～16 年时的年金现值系数,即 $(P/A, 10\%, 10) \times (P/F, 10\%, 6) = 6.145 \times 0.564\ 5 = 3.468\ 9$。通过累计计算,得出该项目建设周期延长 1 年时的净现值为 NPV＝1 044.12(万元)

计算表明,该项目对建设工期延长 1 年带来的情况变化敏感度不高,项目仍然是除满足投资者的期望收益率外,还有超额利润,该项目仍可进行。

(4)进行生产成本增加的敏感性分析。

假设由于原材料和燃料调价,是该项目投产后,生产成本上升 5%,其他条件不变,基本情况表中的数据调整后,见表 5.11。

表 5.11　H 厂项目生产成本上升 5% 时的基本情况表

年份	0	1	2	3	4	5	6~15
投资/万元	500	1 500	1 000				
销售收入/万元				100	4 000	4 900	6 200
生产成本/万元				73.5	3 780	4 410	5 565
净现金流量/万元	−500	−1 500	−1 000	26.5	220	490	635[1]
10% 的贴现系数	0	0.909 1	0.826 4	0.751 3	0.683 0	0.620 9	3.815 4[2]
净现值/万元	−500	−1 363.65	−826.40	19.91	150.26	304.24	2 422.78

通过累计计算,得出该项目生产成本上升 5% 时的净现值为 NPV=207.14(万元)

计算表明,生产成本上升对项目效益影响较大,生产成本上升 5% 使得净现值已由原来的 1 474.18 万元降为 207.14 万元,但仍然是除满足投资者的期望收益率外,还有超额利润,因此在控制成本不再上升对条件下,此方案仍可行。

(5)进行销售价格下降的敏感性分析。

假设经市场预测后得知,项目投产后前两年按计划价格销售,投产后第 3 年开始,由于市场需求减少,产品价格下降 8%,才能薄利多销,保证生产的产品全部售出。在其他条件不变的情况下,销售收入也随之下降 8%,此时基本情况表数据调整后见表 5.12。

表 5.12　H 厂项目产品价格下降 8% 时的基本情况表

年份	0	1	2	3	4	5	6~15
投资/万元	500	1 500	1 000				
销售收入/万元				100	4 000	4 508	5 704
生产成本/万元				70	3 600	4 200	5 300
净现金流量/万元	−500	−1 500	−1 000	30	400	308	404[1]
10% 的贴现系数	0	0.909 1	0.826 4	0.751 3	0.683 0	0.620 9	3.815 4[2]
净现值/万元	−500	−1 363.65	−826.40	22.54	273.20	191.24	1 541.42

通过累计计算,该项目产品销售价格下降 8% 时的净现值为 NPV=−661.65(万元)。

计算表明,该项目对销售价格因素特别敏感,销售价格下降 8% 使得净现值已由原来的 1 474.18 万元降为 −661.65 万元,净现值小于零,该结算结果清晰地警告投资者,必须提高产品质量,控制价格下降幅度,否则无法实现投资者的期望收益率。假如通过努力,仍不能控制价格下降的幅度,此项目不可行。

(6)对整个项目的敏感性分析情况进行汇总和对比(表 5.13)。

表 5.13　H 厂项目四个主要因素敏感性分析汇总

敏感性因素	净现值/万元	与基本情况差异/万元
基本情况	1 474.18	0
投资成本增加 15%	1 024.18	−450
建设周期延长 1 年	1 044.12	−430.06
生产成本上升 5%	207.14	−1 267.04
产品价格下降 8%	−661.65	−2 135.83

通过对比发现,当投资成本增加 15%,或者建设周期延长 1 年,或者生产成本上升 5% 时,项目的净现值仍为正值,仍能实现投资者的期望收益率,项目仍可行。而当产品价格下降 8% 时,净现值降为负值,不能实现投资者的期望收益率,在财务效益分析时,必须提出切实的措施,以确保方案有较好的抗风险能力,否则就应另行设计方案。

案例分析 4

运用期望值法对 M 公司购置设备方案进行概率分析

M 公司拟以 25 000 元的价格购置一台设备,假设使用寿命为 2 年。该购置项目第 1 年净现金流量的三种估计分别是 22 000 元、18 000 元和 14 000 元,概率分别为 0.20、0.60 和 0.20;项目第 2 年净现金流的三种估计分别是 28 000 元、22 000 元和 16 000 元,概率分别为 0.15、0.70 和 0.15,折现率为 10%。试用期望值法分析该购置设备项目是否可行。

分析:

因为该项目每一年的净现金流量都有 3 种可能,所以先计算每一年的净现金流量期望值和方差,见表 5.14。

表 5.14　第 1、2 年净现金流量的期望值和方差

净现金流量(x_1)	概率 P_1	期望值 $E(x_1)$	方差 $\sigma^2(x_1)$	净现金流量(x_2)	概率 P_2	期望值 $E(x_2)$	方差 $\sigma^2(x_2)$
22 000	0.20			28 000	0.15		
18 000	0.60	18 000	6 400 000	22 000	0.70	22 000	10 800 000
14 000	0.20			16 000	0.15		

第 1 年净现金流量的期望值 $E(x_1) = 18\,000$

$$\text{方差 } \sigma^2(x_1) = 6\,400\,000$$

$$\text{标准差 } \sigma(x_1) = 2\,530$$

故第 1 年第净现金流量取值的情况为 18 000±2 530,即波动范围为 15 470~20 530。

第 2 年净现金流量的期望值 $E(x_2) = 22\,000$

$$\text{方差 } \sigma^2(x_2) = 10\,800\,000$$

$$\text{标准差 } \sigma(x_2) = 3\,286$$

故第 2 年第净现金流量取值的情况为 22 000±3 286,即波动范围为 18 714~25 286。

该项目净现值的期望值为

$E(NPV) = 18\,000(P/A, 10\%, 1) + 22\,000(P/A, 10\%, 2) - 25\,000 = 9\,545(元) > 0$

若按每年净现金流量取值的下限计算

$E(NPV) = 15\,470(P/A, 10\%, 1) + 18\,714(P/A, 10\%, 2) - 25\,000 = 4\,529(元) > 0$

因此可以判断该购置设备项目是可行的。

案例分析 5

运用决策树法对 H 项目两方案进行比选

H 项目有两个预选方案 A 和 B,方案 A 需投资 500 万元,方案 B 需投资 300 万元,其使用年限均为 10 年。据估计,在此 10 年间产品销路好的可能性有 70%,销路差的可能性有 30%,基准收益率为 10%,由于采用的设备及其他条件不同,故 A、B 两方案的年收益也不同,其数据见表 5.15。试用决策树法对该项目各方案进行比选。

表 5.15 项目方案在不同状态下的年收益　　　　　　　　　　单位:万元

自然状态	概　率	方案 A	方案 B
销路好	0.7	150	100
销路差	0.3	−50	10

分析 此案例中只有一个决策点,两个可选方案,每个方案都会面临两种自然状态,根据已知条件可画出决策树,如图 5.8 所示。

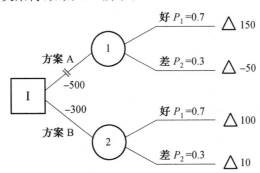

图 5.8 H 项目决策树(单位:万元)

节点①的期望值为

　　$E(1) = 150(P/A, 10\%, 10) \times 0.7 - 50(P/A, 10\%, 10) \times 0.3 = 553(万元)$

　　$E(2) = 100(P/A, 10\%, 10) \times 0.7 + 10(P/A, 10\%, 10) \times 0.3 = 448.5(万元)$

方案 A 的净现值收益 = 553 − 500 = 53(万元)

方案 B 的净现值收益 = 448.5 − 300 = 148.5(万元)

通过计算比较,应该选择方案 B。将方案 A 的这一枝剪掉。

本章小结

本章所介绍的不确定性分析方法是项目经济评价中常用的方法,它们都有各自的特点,适用的情况不同,反映的问题、揭示的结果也不同。

盈亏平衡分析无论是从原理上还是计算上都最为简单,通过对项目的量本利之间的平衡关系进行分析计算,找到平衡点来分析项目财务上的经营安全性。掌握各种不确定因素的变化对项目盈亏平衡的影响,从而决策者清楚在什么环节上下功夫,才能使一笔投资得到最有效的利用。盈亏平衡分析还有助于了解项目可承受的风险程度。

但盈亏平衡分析方法也有其局限性,这种局限性来源于这种方法建立的假定前提条件。因为盈亏平衡点的计算需要假定产量等于销量,而且在计算任一平衡点指标时,都要假定其他的因素不变且已知。这些前提约束条件都是理想化的条件,在实际中很难得到满足。因此,尽管盈亏平衡分析方法是一种很实用的不确定性分析方法,但仍只能作为对项目评价检验的辅助手段。

敏感性分析方法是投资决策中进行方案优选和评审项目的不可缺少的决策手段。敏感性分析在一定程度上就各种不确定因素的变动对项目经济效果的影响做了定量描述,有助于决策者进行正确的决策。

但敏感性分析也有其不足之处。敏感性分析只是指出了项目经济效果评价指标对各种不确定因素的敏感程度,以及项目可行所能允许的不确定因素变化的极限值,却没有考虑各种不确定因素在未来发生各种变化的概率,因此不能够表明不确定因素的变化对经济效果评价指标发生某种影响的可能性,以及在这种可能性下对经济评价指标的影响程度,所以,这种分析的结论难免带有很大的片面性。这种片面性必须借助于概率分析来弥补。

概率分析对不确定性因素发生变化以及由此带来的风险的可能性大小做了更为详细的定量描述,从而使决策者能够对项目的风险水平做出比较准确的判断。但概率分析中应用到的概率分布大多是靠经验预测出来的,不可避免带有一定的主观随意性。因此,在实际运用概率分析方法对项目进行审查和决策时,只能尽量使估测接近实际。

本章思维导图

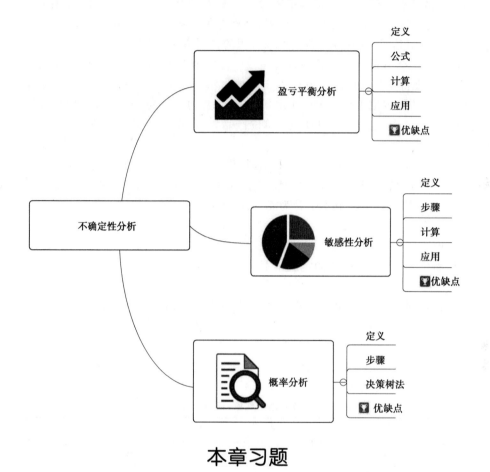

本章习题

1. 简述盈亏平衡分析的概念、步骤、作用及局限性。
2. 简述敏感性分析的概念、步骤、作用及局限性。
3. 盈亏平衡点单位产品变动成本是根据（　　）设定的。
   A. 固定成本、设计生产能力和确定的价格
   B. 盈亏平衡价格、设计生产能力和确定的成本
   C. 确定的产量、固定成本和确定的价格
   D. 盈亏平衡产量、固定成本和确定的价格
4. 在盈亏平衡分析中，若单位产品可变成本增加，则盈亏平衡点（　　）移动。
   A. 向左　　　　B. 向右　　　　C. 不变　　　　D. 不确定
5. 某方案实施后有 3 种可能性：销路好时，可以获利 1 000 万元；销路一般时，可以获利 300 万元；销路差时则亏损 800 万元。已知销路好和销路一般的概率都为 0.4，则该项目的利润期望值是（　　）。

A. 520　　　　B. 480　　　　C. 360　　　　D. 320

6. 敏感性分析的目的是从各（　　）中找出敏感因素，判断敏感因素发生不利变化时投资方案的承受能力。

A. 经济评价指标　　B. 不确定因素　　C. 现金流量　　D. 投资方案

7. 当我们对某个投资方案进行分析时，发现有关参数不确定，而且这些参数变化的概率也不知道，只知其变化的范围，我们可以采用的分析方法是（　　）。

A. 盈亏平衡分析　　B. 敏感性分析　　C. 概率分析　　D. 功能分析

8. 某企业准备生产某产品。设计生产能力为年产 1 000 万件，单位产品售价预计为 21 元/件，每年的固定成本为 4 000 万元，单位产品变动成本为 12 元/件。税金每件 1 元。请分别计算以年产量、生产能力利用率、单位产品售价、单位产品变动成本表示的盈亏平衡点。

9. 某生产工艺固定成本总额为 5 万元，每件产品价格为 29 元。当产量小于或等于 3000 件时，每件产品的变动成本为 4 元。当产量大于 3 000 件时，需要组织加班生产，超过 3 000 件部分的单位变动成本上升为 4.5 元，求：

(1) 盈亏平衡点的产销量。

(2) 生产 4 000 件的利润额。

(3) 产品价格下降 30%，总固定成本上升 20%，其他各项费用均不变时的盈亏平衡点产销量。

10. 某投资项目，初始投资为 1 000 万元，当年建成并投产，预计可使用 10 年，每年销售收入 700 万元，年经营成本 400 万元，设基准折现率为 10%，试分别对初始投资和年销售收入、经营成本 3 个不确定因素进行敏感性分析。

11. 某公司要从 3 个互斥方案中选择一个方案。各个方案的净现值及其概率情况见表 5.16，试从中选择最优方案。

表 5.16　各方案净现值、自然状态及概率

市场销路	概率	方案净现值/万元		
		A	B	C
销路好	0.25	3 000	5 000	3 700
销路一般	0.5	2 500	2 500	2 800
销路差	0.25	2 000	1 000	1 000

12. 某公司为了适应市场的需要，准备扩大生产能力，有两种方案可供选择。第一种方案为建大厂；第二种方案为先建小厂，后考虑扩建。如建大厂，需要投资 700 万元，在市场销路好时，每年收益 210 万元；销路差时，每年亏损 40 万元。在第二种方案中，先建小厂，如销路好，3 年后考虑是否进行扩建。建小厂的投资为 300 万元，在市场销路好时，每年收益为 90 万元，销路差时，每年收益为 60 万元。如果 3 年后扩建，扩建投资为 400 万元，收益情况同第一方案。未来前 3 年市场销路好的概率为 0.7，销路差的概率为 0.3；如果前 3 年销路好，则后 7 年销路好的概率为 0.9，销路差的概率为 0.1；如果前 3 年销路差，则后 7 年必定销路差。无论选用何种方案，使用期均为 10 年。试做出最佳扩建方案决策。

第6章 投资项目的可行性研究

本章内容是围绕投资项目的可行性研究分析展开的。可行性研究不仅是投资决策和项目建设的重要依据,也是项目管理过程中的关键环节和重要程序,是项目前期管理的一项基础性工作。

可行性研究的核心内容是项目的经济评价。项目的经济评价包括财务评价和国民经济评价。建设项目经济评价是项目前期工作的重要内容,应根据国民经济与社会发展以及行业、地区发展规划的要求,在项目初步方案的基础上,采用科学的分析方法,对拟建项目的财务可行性和经济合理性进行分析论证,为项目的科学决策提供经济方面的依据。

本章将具体介绍投资项目可行性研究的相关内容,以及财务评价和国民经济评价这两大经济评价内容。要求熟悉可行性研究的概念、目的、工作程序及可行性研究报告的作用和编制依据;了解财务评价和国民经济评价的概念、目的、内容、程序;掌握财务评价的内容、基本财务报表与评价指标的对应关系。

6.1 投资项目的可行性研究概述

1. 投资项目的建设程序

我国建设项目的建设程序经过多年实践的不断总结和改进,目前已基本形成了具有我国特点的建设项目的建设程序,其步骤和内容如下。

(1)编制项目建议书。

项目建议书是项目发展周期中的最初阶段。它是对建设项目提出的一个轮廓设想,主要是从宏观上来考察项目建设的必要性,看其是否符合国家长远规划的方针和要求,同时初步分析项目建设的条件是否具备,是否值得投入人力、物力做进一步的深入研究。

(2)建设项目可行性研究。

可行性研究是指对任何一项实践活动,在其实施之前对其是否可行、能否成功所进行的研究、分析或论证的工作。这里的可行性研究是一种统称,包括各行各业、各方面的可行性研究。

建设项目可行性研究是指在项目决策时,通过对项目有关的工程、技术、经济等各方面条件和情况进行调查、研究、分析,对各种可能的建设方案和技术方案进行比较论证,并对项目建成后的经济效益进行预测和评价,由此,考察项目技术上的先进性和适用性,经济上的盈利性和合理性,建设的可能性和可行性的一种科学分析方法。

(3)可行性研究报告的评估和审批。

①可行性研究报告的评估。可研报告编制上报后,由决策部门组织或委托有资格的工程咨询公司或有关专家,对可行性研究报告进行评估,审查项目可行性研究的可靠性、真实性和客观性,并提出评估报告,为建设项目最终审批决策提供科学依据。

对建设项目可行性研究报告的评估,主要从3方面进行论证:项目是否符合国家有关政策、法令和规定;是否符合国家宏观经济意图,符合国民经济长远规划,布局是否合理;项目的技术是否先进适用。

②可行性研究报告的审批。拟建项目经过项目建议书阶段的初步可行性研究,可行性研究及对可行性研究的评估后,按项目审批权限,由各级决策部门进行审批。

(4)编制和审批设计任务书。

(5)上报年度投资计划和开工报告。

(6)施工、试运转、验收和投产。

2. 投资项目可行性研究的意义

项目的可行性研究(也叫可行性分析)是投资者在拟建项目决策前必不可少的一项基础性项目管理工作。实际上,只要是对项目自觉认真进行的理性的可行性分析,其结果即使证明投资的项目不可行,对项目管理的这点花费也是非常值得的,因为它不仅避免了盲目决策可能造成的更大浪费和损失,还以极少的投入间接地获取了可观的未受损失的经济效益和社会效益。从项目各阶段累计投资及其影响之间的相互关系曲线(图 6.1)可以看出,项目在前期进行的可行性分析的花费是最少的,通常不超过投资总额的 1‰~3‰,而它对整个项目效益的影响却是最大的,稍有失误就会导致项目的失败,产生不可挽回的损失;虽然项目的主要投入表现在项目过程管理的施工阶段,但此阶段的工作对整个项目效益的影响相对较小。由此可见,项目前期可行性分析工作的好坏对投资对效果有着决定性的影响,在项目管理中具有特殊的重要性,具有不可替代的基础性作用。这也说明科学决策与项目投资前期可行性分析之间存在着内在本质和必然的联系。

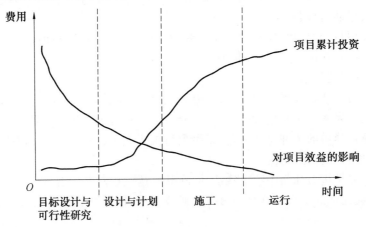

图 6.1 项目各阶段累计投资及其影响间的相互关系

3. 可行性研究的工作阶段划分及要求

建设项目的可行性研究,是项目建设前进行的一项极为重要的技术经济分析与论证工作,它的目的是为项目投资决策提供科学的依据。依据联合国工业发展组织编写的《工业可行性研究手册》中对项目管理阶段划分的标准,建设项目投资前期的可行性研究工作通常分为 4 个阶段进行。

(1)机会研究。

(2)初步可行性研究。

(3)详细可行性研究。

(4) 评估报告。

各个阶段的工作性质、工作目标和内容、工作要求及作用都是不同的,工作内容由浅入深,工作量由小到大,目标和作用逐步提升。具体见表6.1。

表 6.1 项目可行性研究各阶段的工作目的和要求比较表

研究阶段	工作性质	工作目标和内容	工作要求	工作作用
机会研究	项目设想	鉴别投资方向,寻求投资机会,选择项目,提出项目投资建议	编制项目建议书	为初步选择投资项目提供依据,批准后列入建设前期工作计划,作为国家或投资者对投资项目的初步决策
初步可行性研究	项目初选	对项目做初步评价,广泛分析,筛选方案,初步估算投资,确定项目的初步可行性	编制初步可行性分析报告	判定是否有必要进行下一步详细可行性分析,进一步判明建设项目的生命力
详细可行性研究	项目准备	对项目进行深入、细致的技术经济论证,重点对项目对技术方案和经济效益进行分析评价,进行多方案比选,提出结论性意见	编制详细可行性分析报告	为投资决策者提供最后决策依据,决定项目取舍和选择最佳投资方案

4. 可行性研究的时间和费用

由于建设项目前期的各个阶段的工作性质、工作目标和内容、工作要求及作用都是不同的,因此其工作时间和费用也各不相同。一个工程项目的可行性研究工作,少则需要几个月的时间,长的要用1~2年或更多的时间才能完成。业主为取得可行性研究报告,要花费总投资额的2.5%。具体见表6.2。

表 6.2 项目可行性研究各阶段的工作时间和费用比较表

研究阶段	主要任务	研究所需时间	投资估算的精确度/%	研究费用占总投资的比例/%
机会研究	寻找投资机会,选择项目	1~3月	±30	0.2~1
初步可行性研究	筛选项目方案,初步估算投资	3~5月	±20	0.25~1.25
详细可行性研究	对项目方案作深入的技术、经济论证,提出结论性建议,确定项目投资的可行性	中小项目0.5~1年 大项目1~2年	±10	中小项目1~3 大项目0.8~1

5. 详细可行性研究的基本内容

投资项目的详细可行性研究,是项目可行性分析在对项目进行深入、细致的技术经济论证的基础上对多种方案所做的比较和优选,以及就项目投资最后决策提出的结论性意见。故其在内容上应能满足作为项目投资决策的基础和重要依据的基本要求。

虽然项目详细可行性研究涉及的内容很多,但基本内容一般可概括为4个部分:一是总论:主要介绍项目背景、项目概况、提出问题与建议;二是产品的市场调查和预测分析:

这是可行性分析的先决条件和前提,决定了项目投资建设的必要性,是项目能否成立的最重要依据;三是物质技术方案和建设条件,从资源投入、厂址、技术、设备和生产组织等问题入手,这是可行性分析的技术基础,决定了建设项目在技术上的可行性。四是对经济效果的分析和评价,说明项目在经济上的"合理性"和"有益性",它是决定项目是否应投资的关键,因此也是项目可行性分析的核心部分。可行性分析一般从以上几方面对建设项目进行优化分析,并在进一步考虑项目的环境与社会影响效果两大因素后,达到为项目投资决策提供科学依据的目的。

具体而言,可行性分析的基本内容和深度要求,应按国家的有关规定确定。就经济性为主的分析通常包含以下几方面的内容。

(1)总论。
(2)市场分析。
(3)投资条件与项目选址。
(4)原材料、燃料动力情况。
(5)建厂条件和厂址选择。
(6)技术方案。
(7)环境保护与劳动安全。
(8)企业组织和劳动定员。
(9)项目实施进度安排。
(10)投资估算与资金筹措。
(11)财务分析。
(12)国民经济与社会效益分析。
(13)结论与建议。

建设项目的可行性研究范围是十分广泛而全面的。其中,市场预测是可行性研究的前提;生产建设条件与技术条件分析是可行性研究的基础;经济评价是可行性研究的核心和目的。

6. 可行性研究的工作步骤

项目的可行性研究,一般由项目业主根据工程需要,委托有资格的设计院或咨询公司进行可行性研究,编制可行性研究报告。具体步骤如下。

(1)委托与签订合同。
(2)组织人员和制订计划。
(3)调查研究和收集资料。
(4)方案设计与优选。
(5)经济分析和评价。
(6)编写可行性研究报告。

6.2 技术经济的财务评价

1. 财务评价的概念

财务评价就是从企业角度根据国家现行价格和经济、财政、金融制度的规定,通过可行性报告中项目的基础财务数据、基本报表和相关指标并与行业(或设定的)基准参数进行比较,分析测算拟建项目直接发生的财务效益和费用,编制财务报表,计算评价指标,考察项目的获利能力、贷款清偿能力和外汇平衡能力等财务状况,以得到项目在企业财务角度上的可行性,为项目投资决策提供经济方面的科学依据。

财务评价主要分析项目的盈利能力、清偿能力和不确定性分析。

2. 财务评价的程序

(1)准备工作。

①收集整理有关基础数据资料。

②编制辅助报表,主要包括:建设投资估算表、流动资金估算表、固定资产折旧表、无形及递延资产摊销表、投资使用计划与资金筹措表、销售收入、销售税金及附加表、总成本费用表、借款还本付息表、损益表等。

③编制基本财务报表。主要包括:现金流量表(项目现金流量表、自有资金现金流量表、投资各方现金流量表)、资产负债表、资金来源与运用表。

(2)计算财务评价指标(表6.3),得出财务评价结论(表6.4)。

(3)进行不确定性分析。

主要包括盈亏平衡分析、敏感性分析和概率分析,并进行风险识别和风险控制。

表 6.3 常见的财务评价指标体系

评价指标体系	静态指标	投资回收期
		投资利润率
		投资利税率
		资本金利润率
		借款偿还期
		资产负债率
		流动比率
		速动比率
	动态指标	财务净现值
		财务内部收益率
		动态投资回收期
		财务外汇净现值
		换汇成本或节汇成本

表6.4 财务评价的内容、基本财务报表与评价指标的对应关系

评价内容	基本报表	静态指标	动态指标
盈利能力分析	项目现金流量表	静态投资回收期	财务内部收益率 财务净现值 动态投资回收期
盈利能力分析	自有资金现金流量表	—	自有资金财务内部收益率
盈利能力分析	投资各方财务现金流量表	—	投资各方财务内部收益率
盈利能力分析	损益表	投资利润率 投资利税率 资本金利润率	—
清偿能力分析	借款还本付息表 资产负债表	借款偿还期 资产负债率 流动比率 速动比率	—

3. 综合案例:对新建项目 H 财务基础数据进行估算与分析

(1)资料背景。

①拟新建的 H 项目建设期为2年,运营期为6年。

②项目投资估算总额为3 600万元,其中,预计形成固定资产3 060万元(含建设期贷款利息60万元),无形资产540万元。固定资产使用年限为10年,净残值率为4%,固定资产余值在项目运营期末收回。

③无形资产在运营期6年中,均匀摊入成本。

④流动资金为800万元,在项目的寿命周期期末收回。

⑤项目的设计生产能力为年产量 H 产品120万件,产品售价为45元/件,营业税金及附加税率为6%,所得税税率为33%,行业基准收益率为8%。

⑥项目的资金投入、收益及成本见表6.5。

表6.5 项目的资金投入、收益及成本

序号	项目	年份				
		1	2	3	4	5~8
1	建设投资/万元					
1	自有资金部分/万元	1 200	340			
1	贷款(不含贷款利息)/万元		2 000			
2	流动资金/万元					
2	自有资金部分/万元			300		
2	贷款部分/万元			100	400	
3	年销售量/万件			60	90	120
4	年经营成本/万元			1 682	2 360	3 230

⑦还款方式按实际偿还能力测算。长期贷款利率为6%（按年计息），流动资金贷款利率为4%（按年计息）。

（2）编制部分辅助报表。

①还本付息。项目的还款原则为：各还款年应付利息计入总成本费用中的财务费用，应还的借款本金首先用折旧费、摊销费来归还，不足时用未分配利润归还。建设期利息计入固定资产，运营期利息计入财务费用。还款方式按实际偿还能力测算。要测算项目的最大还款能力，还本付息表须与损益表、总成本费用估算表逐年联合计算，还款期间，将未分配利润、折旧费和摊销费全部用于还款。具体见表6.6。

表6.6 还本付息表　　　　　　　　　　　　　　　　　单位：万元

序号	项目	年份					
		1	2	3	4	5	6～8
1	人民币借款						
1.1	年初借款本息累计			2 060	1 445.33	420.7	0
1.1.1	本金			2 000			
1.1.2	建设期利息			60			
1.2	本年借款		2 000				
1.3	本年应计利息		60	123.60	86.72	25.24	0
1.4	本年偿还本金			614.67	1 024.63	420.7	0
1.5	本年支付利息			123.60	86.72	25.24	0
2	还本资金来源			614.67	1 024.63	420.7	
2.1	折旧费			293.76	293.76	293.76	
2.2	摊销费			90	90	90	
2.3	未分配利润			230.91	640.87	36.94	

②财务费用。包括长期借款利息和流动资金借款利息。长期借款利息按项目建成投产后最大偿还能力偿还；流动资金借款利息按年计算，当年的流动资金借款利息等于当年流动资金借款累计数乘以流动资金借款年有效利率。具体见表6.7。

表6.7 总成本费用估算表　　　　　　　　　　　　　　单位：万元

序号	项目	年份					
		1	2	3	4	5	6～8
1	经营成本			1 682	2 360	3 230	3 230
2	折旧费			293.76	293.76	293.76	293.76
3	摊销费			90	90	90	90
4	利息支出			127.60	106.72	45.24	20
4.1	长期借款利息			123.60	86.72	25.24	0
4.2	流动资金借款利息			4	20	20	20
5	总成本费用			2 193.36	2 850.48	3 659	3 633.76

③项目利润和利润分配。所得税按利润总额的33%提取。税后利润分配按国家规定顺序进行,先提取法定盈余公积金,然后按董事会或管理层决议进行利润分配。为方便起见,假定除留出用于支付长期借款还本的金额计入未分配利润外,剩余部分全部作为应付利润分配给项目投资主体。具体见表6.8。

表 6.8 损益表　　　　　　　　　　　　　　　　　　　　　　单位:万元

序号	项目	年份					
		1	2	3	4	5	6~8
1	销售收入			2 700	4 050	5 400	5 400
2	总成本费用			2 193.36	2 850.48	3 659	3 633.76
3	销售税金及附加			162	243	324	324
4	利润总额[(1)-(2)-(3)]			344.64	956.52	1 417.00	1 442.24
5	所得税[(4)×33%]			113.73	315.65	467.61	475.94
6	税后利润[(4)-(5)]			230.91	640.87	949.39	966.3
7	盈余公积金[(6)×15%]					142.40	144.95
8	应付利润					770.05	821.35
9	未分配利润			230.91	640.87	36.94	

(3)编制现金流量表(表6.9)。

表 6.9 现金流量表　　　　　　　　　　　　　　　　　　　　单位:万元

序号	项目	建设期		生产期					
		1	2	3	4	5	6	7	8
1	现金流入			2 700	4 050	5 400	5 400	5 400	6 322.4
1.1	销售收入			2 700	4 050	5 400	5 400	5 400	5 400
1.2	回收固定资产余值								122.4
1.3	回收流动资金								800
2	现金流出	1 200	2 400	2 357.73	3 318.65	4 021.61	4 029.94	4 029.94	4 029.94
2.1	固定资产投资	1 200	1 860						
2.2	无形资产投资		540						
2.3	流动资金			400	400				
2.4	经营成本			1 682	2 360	3 230	3 230	3 230	3 230
2.5	销售税金及附加			162	243	324	324	324	324
2.6	所得税			113.73	315.65	467.61	475.94	475.94	475.94
3	净现金流量	-1 200	-2 400	342.27	731.35	1 378.39	1 370.06	1 370.06	2 292.46
4	净现金流量现值	-1 200	-2 222.16	293.43	580.55	1 013.12	932.46	863.41	1 337.65
5	累计净现金流量现值	-1 200	-3 422.16	-3 128.73	-2 548.18	-1 535.06	-602.6	260.81	15 98.46

(4) 计算部分财务评价指标。

根据财务现金流量表计算财务分析评价指标。

① 财务内部收益率(FIRR)

$$FIRR = 17.95\%$$

财务内部收益率大于行业基准收益率8%,盈利能力满足行业需求。

② 财务净现值(FNPV)($i=8\%$)

$$FNPV = 1\ 598.46(万元)$$

财务净现值大于零,该项目在财务上是可以考虑接受的。

③ 投资回收期(T_P)

$$T_P = 6.7(年)$$

投资回收期在6.7年,表明该项目投资能按时回收。

从上述部分财务指标来看,经济效益指标比较理想,各项指标均符合国家有关规定及投资方要求,项目具有较强的盈利能力,有利于项目的投资决策。

6.3 技术经济的国民经济评价

项目的国民经济分析是站在国家的角度,采用费用与效益分析的方法,综合运用影子价格、影子汇率、影子工资和社会折现率等参数,计算分析项目需要国家付出的代价和对国家的贡献,是在更大范围内考察项目投资行为的经济合理性与宏观可行性的过程。项目的国民经济分析是投资项目经济性分析的重要组成部分,国民经济效益分析与项目的企业财务效益分析共同构成完整的项目经济效益分析。但二者既有联系又有区别,项目的国民经济分析在投资项目可行性分析中对宏观经济的管理有重要的意义。

1. 国民经济评价的概念

国民经济评价是在合理配置社会资源的前提下,从国家经济整体利益的角度出发,计算项目对国民经济的贡献,分析项目的经济效率、效果和对社会的影响,评价项目在宏观经济上的合理性。

建设项目经济评价内容的选择,应根据项目性质、项目目标、项目投资者、项目财务主体以及项目对经济与社会的影响程度等具体情况确定。对于费用效益计算比较简单、建设期和运营期比较短、不涉及进出口平衡等一般项目,如果财务评价的结论能够满足投资决策需要,可不进行国民经济评价;对于关系公共利益、国家安全和市场不能有效配置资源的经济和社会发展的项目,除应进行财务评价外,还应进行国民经济评价;对于特别重大的建设项目,尚应辅以区域经济与宏观经济影响分析方法进行国民经济评价。

必须要进行国民经济评价的项目有以下几类。

(1) 具有垄断特征的项目。

(2) 产出具有公共产品特征的项目。

(3) 外部效果显著的项目。

(4) 资源开发项目。

(5) 涉及国家经济安全的项目。

(6) 受过度行政干预的项目。

2. 国民经济评价与财务评价的关系

作为项目投资决策经济性判断的重要依据之一,项目的国民经济分析是可行性分析的重要组成部分,它与项目的企业财务效益分析一起共同构成了完整的项目经济性评价,二者既有区别又有联系,具体情况见表 6.10。

表 6.10 国民经济评价与企业财务评价的相互关系与对项目经济性的影响

分析角度	评价结论					
	经济性(可行与否)				相互关系	
					相同点(联系)	不同点(区别)
企业财务评价	可行	可行	不可行	不可行	评价分析的目的一致,分析评价的基础相同,分析方法与主要指标的计算方法类似	经济目标与分析内容不同,价值尺度不同,折现率与汇率不同
国民经济评价	可行	不可行	可行	不可行		
项目经济性分析结论	可行	不可行	可行	不可行		

3. 国民经济评价的基本原理

国民经济评价通常采用"费用-效益分析方法"作为基本经济评价理论。该方法寻求以最小的投入(费用)获取最大的产出(效益)。也就是采取有无对比方法识别项目的费用和效益,采取影子价格理论方法估算各项费用和效益,采用现金流量分析方法,使用报表分析,采用经济内部收益率、经济净现值等指标进行定量的经济效益分析。

4. 国民经济评价采用的评估参数

(1)通用参数。

通用参数主要包括反映劳动力影子价格或项目工资成本之影子价格的影子工资、能反映把外汇转换成国民经济真实价值汇率的影子汇率、站在国家角度看项目投资应达到的基本收益率标准——最低收益水平的社会折现率、土地的影子价格等,这些通常由专门机构组织测算和发布。

(2)需测算的参数。

需测算的参数是指需由项目可行性研究的专业评估人员根据项目具体情况自行测算的各种货物、服务、土地与自然资源的影子价格。

(3)影子价格的相关概念。

影子价格是在投资项目分析中只用于国民经济分析或评价的价格,也称效率价格、最优价格等。称其为效率价格,是指它可以促成人们自动地从本位利益出发,去实现资源的最优分配;称其为最优化价格,是指它反映了实现资源最优分配时对资源的社会价格的客观评价。

影子价格的经济实质是稀缺资源在最优利用的情况下,每单位所能获得的超额利润——一种不同于市场竞价自然选择的由人为确定的,当社会经济处于某种最优状态时能反映社会劳动消耗、资源稀缺程度及最终产品需求情况的,比交换价格更合理的价格。

影子价格的内涵一般指影子利率、影子汇率、影子工资和影子出租——土地的影子价格。

(4)影子价格的确定思路。

影子价格一般有两条确定思路:一是区分贸易货物的类型——是外贸货物还是非外贸货物;二是据此可得出多种不同的具体确定方法。常用的具体确定方法有:线性规划对偶解法、L—M法、S/V法、UNIDO法和增值法。涉及影子价格的理论通常包括资源最优配置理论、机会成本福利经济学理论、机会效益理论、全部效益和全部费用理论。

5. 国民经济评价的基本方法

(1)在财务评价基础上进行的操作。

其主要步骤如下。

①调整和确定所要分析评价项目的经济费用和效益的范围与数值。

②编制经济分析评价的基本报表。

③进行经济效益指标的计算和分析评价。

④按照有关国民经济分析评价指标的判别准则,做出与项目财务分析相类似的比选和取舍。

(2)直接进行国民经济评价的操作。

其要求如下。

①根据项目提供的产出物的性质识别和确定是否属于外贸货物。

②按定价原则和项目产出物的种类、数量及逐年增减情况确定产出物的影子价格,计算项目的直接效益。

③用货物的影子价格、影子工资、影子汇率、社会折现率和土地的影子费用等参数直接进行项目的投资估算(包括对流动资金的估算)。

④根据生产经营的实物消耗和各种货物的影子价格、影子工资与影子汇率等参数计算经营费用。

⑤识别项目的间接效益与间接费用。

⑥编制有关报表。

⑦计算相应的技术经济指标。

6. 国民经济评价中费用与效益的识别

(1)费用的识别与分类。

费用是指一个工程项目中因项目建设而使国民经济所付出的代价,包括项目自身和国民经济其他部门或其他环节所付出的代价。项目费用分为直接费用和间接费用。

(2)效益的识别与分类。

项目效益是指一个工程项目对国民经济所做的贡献。项目效益分为直接效益和间接效益。

(3)注意对转移支付的识别。

在鉴别和度量效益与费用时,要剔除转移支付。所谓转移支付,是指那些既不需要消耗国民经济资源,又不增加国民经济收入,只是一种归属权转让的款项,包括税金、补贴和国内借款利息等。

7. 国民经济评价需要编制的基本报表与分析要求

通常,在国民经济分析中需要编制两张主表和三张辅表:两张主表指"项目国民经济效益费用流量表"和"国内投资国民经济效益费用流量表";三张辅表是为了调整投资费用、销售收入和经营费用,包括:"国民经济评估投资调整表""国民经济评估销售收入调整表"和"国民经济评估经营费用调整表"。

对项目的国民经济分析一般只进行国民经济盈利能力分析而不做清偿能力分析,以经济内部收益率为主要评价指标。根据项目的特点和实际需要,有时可计算三项指标:经济净现值指标、经济换汇成本和经济节汇成本。

8. 案例应用:新建工程项目 M 的综合财务效益评价

(1)案例背景。

工程项目 M 是某企业的新建项目,假设该企业已在投资前期对项目的市场前景、生产技术条件、项目本身的竞争能力等各方面进行了全面的论证和多方案比选,并确定了项目的最优方案,现以选定的项目最优方案为例,进行全面的项目财务效益评价。

(2)对工程项目 M 有关财务数据的预测。

为分析和评价工程项目 M 的财务可行性,对该项目的相关财务数据进行如下预测。

①项目投资计划与投资估算及资金筹措。

a. 投资计划。该项目的建设期为 2 年,实施计划为第 1 年完成投资的 40%,第 2 年完成投资的 60%;第 3 年投产,试生产期为 1 年,当年达到设计生产能力的 80%;第 4 年达产,项目计算期为 12 年。

b. 项目建设投资估算。该项目固定资产投资估算中,工程费与其他费用估算额为 4 780 万元,预备费为 500 万元,无形资产投资为 200 万元,开办费投资为 20 万元,资金来源为自有资金和贷款。其中,自有资金 3 000 万元,其他为国内贷款,建设期贷款在每年均匀投入,贷款年有效利率为 9%。

分析:

建设期贷款 = 4 780 + 500 + 200 + 20 − 3 000 = 2500(万元)

建设期贷款利息

第 1 年:2 500 × 40%/2 × 9% = 45(万元)

第 2 年:(2 500 × 40% + 45 + 2 500 × 60%/2) × 9% = 161.55(万元)

项目固定资产投资 = 4 780 + 500 + 45 + 161.55 = 5 486.55(万元)

项目其他资产投资 = 200 + 20 = 220(万元)

c. 流动资金估算。建设项目达到设计生产能力以后,项目定员为 10 人,工资每人每年 4 万元,福利费按工资总额的 14% 提取,每年的其他费用为 114 万元,年外购原材料、燃料及动力费为 1 350 万元(其中:年外购原材料 1 200 万元,燃料及动力费为 150 万元),年其他制造费用为 50 万元,年经营成本为 1 773 万元,年修理费用为折旧费的 50%。各项流动资金的最低周转天数分别为:应收账款 30 天,现金、预付账款、存货 40 天。流动资金全部来自贷款,贷款年有效利率为 6%。假定该项目的固定资产年残值率为 4%,固定资产折旧年限为 10 年。

分析:

固定资产年折旧额 = 5486.55 × (1 − 4%)/10 = 526.71(万元)

年修理费 = 526.71 × 50% = 263.35(万元)

年工资及福利费 = 10 × 4 × (1 + 14%) = 45.6(万元)

年经营成本 = 年外购原材料、燃料及动力费 + 年工资及福利费 + 年修理费 + 年其他

费用＝1 350＋45.6＋263.35＋114＝1773(万元)

用分项估算法估算项目的流动资金：

$$应收账款=\frac{年经营成本}{年周转次数}=\frac{1\ 773}{360\div 30}=147.75(万元)$$

$$现金=\frac{年工资及福利费+年其他费用}{年周转次数}=\frac{45.6+114}{360\div 40}=17.73(万元)$$

存货包括外购原材料、燃料及动力费；在产品；产成品。

$$外购原材料、燃料及动力费=\frac{年外购原材料、燃料及动力费}{年周转次数}$$

$$=\frac{1\ 350}{360\div 40}=150(万元)$$

$$在产品=\frac{年外购原材料、燃料及动力费+年工资及福利费+年修理费+年其他制造费}{年周转次数}$$

$$=\frac{1\ 350+45.6+263.35+50}{360\div 40}=189.88(万元)$$

$$产成品=\frac{年经营成本}{年周转次数}=\frac{1\ 773}{360\div 40}=197(万元)$$

$$存货=150+189.88+197=536.88(万元)$$

$$流动资产=应收账款+现金+存货=147.75+17.73+536.88=702.36(万元)$$

$$应付账款=\frac{年外购原材料、燃料及动力费}{年周转次数}=\frac{1\ 350}{360\div 40}=150(万元)$$

$$流动负债=应付账款=150(万元)$$

$$流动资金=流动资产-流动负债=702.36-150=552.36(万元)$$

流动资金估算情况见表6.11。

表6.11 流动资金估算表

序号	项目	最低周转天数/天	周转次数/次	投产期/年	达到设计生产能力期/年							
				3	4	5	6	7	8	9	10	11	12
1	流动资产/万元			589.86	702.36								
1.1	应收账款/万元	30	12	125.25*	147.75								
1.2	存货/万元	40	9	446.88*	536.88								
1.3	现金/万元	40	9	17.73	17.73								
2	流动负债/万元			120	150								
2.1	应付账款/万元	40	9	120*	150								
3	流动资金(1-2)/万元			469.86	552.36								
4	流动资金增加额/万元			82.5	0								

*注：在流动资金估算过程中，投产期第1年试生产过程中的外购原材料、外购燃料及动力费为正常生产能力期的80%。

表中第3年的经营成本＝年外购原材料、燃料及动力费＋年工资及福利费＋年修理费＋年其他费用＝1 350×0.8＋45.6＋263.35＋114＝1 503(万元)

第 3 年的应收账款 $=\dfrac{\text{年经营成本}}{\text{年周转次数}}=\dfrac{1\,503}{360\div 30}=125.25(\text{万元})$

第 3 年的存货 $=\dfrac{1\,350\times 0.8}{9}+\dfrac{1\,350\times 0.8+45.6+263.35+50}{9}+\dfrac{1\,503}{9}=446.88(\text{万元})$

第 3 年的应付账款 $=\dfrac{\text{年外购原材料、燃料及动力费}}{\text{年周转次数}}=\dfrac{1\,350\times 0.8}{360\div 40}=120(\text{万元})$

d. 项目总投资。

根据前面的计算结果,可得出

项目总投资＝固定资产投资＋其他资产投资＋流动资金
　　　　　＝5 486.55＋220＋552.36＝6 258.91(万元)

e. 资金筹措。

该项目自有资金 3 000 万元,其余为人民币国内贷款,其中,建设投资贷款的年有效利率为 9%;流动资金全部来自贷款,贷款年有效利率为 6%。具体见表 6.12。

表 6.12　投资计划与资金来源　　　　　　　　　单位:万元

序号	项目	合计	建设期		投产期	达产期
			1	2	3	4
1	总投资	6 258.91	2 245	3 461.55		
1.1	建设投资	5 500	2 200	3 300		
1.2	建设期利息	206.55	45	161.55		
1.3	流动资金	552.36	0	0	469.86	82.5
2	资金来源					
2.1	自有资金	3 000				
2.1.1	建设投资	3 000	1 200	1 800		
2.1.2	流动资金	0				
2.2	建设投资借款	2 500	1000	1 500		
2.3	流动资金借款	552.36			469.86	82.5

② 项目的产品成本估算。

a. 外购原材料、燃料及动力费。正常生产年份为每年 1 350 万元,试生产期为正常生产年份的 80%。

b. 工资及福利费。投产后即为 45.6 万元。

c. 折旧费。投产后即为 526.7 万元。

d. 摊销费。无形资产摊销年限为 10 年,则每年摊销费为 20 万元。

e. 修理费按折旧费的 50% 提取。即为 263.4 万元。

f. 财务费用。包括长期借款利息和流动资金借款利息。假定该项目的长期借款利息按项目建成投产后最大偿还能力偿还;流动资金借款利息按年计算,当年的流动资金借款利息等于当年流动资金借款累计数乘以流动资金借款年有效利率。

第 3 年初累计建设期借款本金为

$$1\,000+1\,500+45+161.55=2\,706.55(万元)$$

第 3 年的长期借款利息为

$$(1\,000+1\,500+45+161.55)\times 9\%=243.6(万元)$$

根据借款还本付息估算表可知:第 3 年可偿还借款本金 1 013.25 万元。

则第 4 年初累计建设期借款本金为

$$2\,706.55-1\,013.25=1\,693.3(万元)$$

第 4 年的长期借款利息为

$$1\,693.3\times 9\%=152.4(万元)$$

第 4 年可偿还借款本金 1 387.41 万元。

则第 5 年初累计建设期借款本金为

$$1\,693.3-1\,387.41=305.9(万元)$$

第 5 年的长期借款利息为

$$305.9\times 9\%=27.53(万元)$$

第 6 年可将剩余借款本金 305.9 万元全部偿还,则第 6 年后不再产生长期借款利息。

第 3 年的流动资金借款利息为

$$469.86\times 6\%=28.2(万元)$$

第 4 年及之后的流动资金借款利息为

$$552.36\times 6\%=33.1(万元)$$

g. 其他费用。该项目的其他费用按工资及福利费总额的 2.5 倍计算。

该项目的总成本费用估算见表 6.13。

表 6.13 总成本费用估算表

序号	项目	投产期/年	达到设计生产能力期/年							
		3	4	5	6	7	8	9	10	11	12
	生产负荷/%	80	100							
1	外购原材料/万元	960	1200							
2	外购燃料及动力/万元	120	150							
3	工资及福利费/万元	45.6	45.6							
4	折旧费/万元	526.7	526.7							
5	摊销费/万元	40	20							
6	修理费/万元	263.4	263.4							
7	财务费用/万元	271.8	185.5	60.8	33.1					
7.1	长期借款利息/万元	243.6	152.4	27.7	0					
7.2	流动资金借款利息/万元	28.2	33.1							
8	其他费用/万元	114	114							
9	总成本费用/万元	2 341.5	2 505.2	2 380.5	2 352.8					
10	经营成本/万元	1503	1773							

③项目销售收入和销售税金及附加。

该项目设计生产能力为年产量 40 万件,每件单价为 100 元(不含增值税);销售税金及附加按 6%估算。

④项目利润和利润分配。

所得税按利润总额的 33%提取。税后利润在弥补亏损后,按照国家规定顺序进行分配,先提取法定盈余公积金,然后按董事会或管理当局决议进行利润分配。该项目为方便起见,假定除留出用于支付长期借款还本的金额计入未分配利润外,剩余部分全部作为应付利润分配给项目投资主体。法定盈余公积金按税后利润的 10%提取。该项目的损益见表 6.14。

表 6.14 损益表

序号	项目	投产期/年	达到设计生产能力期/年							
		3	4	5	6	7	8	9	10	11	12
	生产负荷/%	80	100							
1	销售收入/万元	3 200	4 000							
2	销售税金及附加/万元	192	240							
3	总成本费用/万元	2 341.5	2 505.2		2 380.5			2 352.8		
4	利润总额(1-2-3)/万元	666.5	1 254.8		1 379.5			1 407.2		
5	所得税/万元	219.95	414.09		455.24			464.38		
6	税后利润/万元	446.55	840.71		924.26			942.82		
6.1	盈余公积金/万元				92.43			94.28		
6.2	应付利润/万元				831.83			848.54		
6.3	未分配利润/万元	446.55	840.71							

⑤项目借款还本付息估算。

项目生产期初的长期借款本金为建设期长期借款本息合计数,其利息计入财务费用,还本资金来源为折旧费、摊销费和未分配利润,流动资金借款本金在期末用回收的流动资金偿还,流动资金借款利息计入财务费用。该项目的贷款还本付息估算情况见表 6.15。

第 3 年的年初借款本息累计为建设期贷款本利和,即

$$1\ 000+1\ 500+45+161.55=2\ 706.55(万元)$$

第 3 年的本年偿还本金为本年的折旧费、摊销费和未分配利润,即

$$526.7+40+446.5=1\ 013.2(万元)$$

表 6.15　借款还本付息估算　　　　　　　　　　　单位:万元

序号	项目	建设期		投产期	达产期	
		1	2	3	4	5
1	人民币借款					
1.1	年初借款本息累计		1 045	2 706.55	1 693.3*	305.9
1.1.1	本金		1 000	2 500		
1.1.2	建设期利息		45	206.55		
1.2	本年借款	1 000	1 500			
1.3	本年应计利息	45	161.55	243.6	152.4	27.53
1.4	本年偿还本金			1 013.25	1 387.41	305.9
1.5	本年支付利息			243.6	152.4	27.53
2	还本资金来源					
2.1	未分配利润			446.55	840.71	
2.2	折旧费			526.7	526.7	526.7
2.3	摊销费			40	20	20
3	还本资金合计			1 013.25	1 387.41	546.7
4	还本后余额			0	0	240.8

*注:第 4 年的年初借款本息累计＝第 3 年的年初借款本息累计－第 3 年的本年偿还本金＝2 706.55－1 013.2＝1 693.3(万元)

(3)对工程项目 M 的财务效益分析与评价。

根据上述预测数据和基本财务报表中计算出来的数据,可以编制全部投资现金流量表和自有资金现金流量表,通过相关经济效果指标的计算,对该项目对财务可行性做出如下分析与评价。

①项目财务盈利能力分析。

a.项目全部投资现金流量见表 6.16,若行业基准收益率为 15%,行业基准投资回收期为 8 年,行业平均利润率为 20%,根据表 6.16 中数据可得出

当 $i=15\%$ 时,FNPV(15%)＝229.4(万元)

当 $i=18\%$ 时,FNPV(18%)＝－419.6(万元)

根据插值公式,得出内部收益率为

$$IRR=15\%+(18\%-15\%)\times\frac{229.4}{229.4+419.6}=16.06\%$$

$$\text{静态投资回收期} = \frac{6+140.1}{1\,522.6} = 6.1(\text{年})$$

$$\text{动态投资回收期} = \frac{11+55.2}{284.6} = 11.2(\text{年})$$

$$\text{投资利润率} = \frac{\text{年平均利润总额}}{\text{项目总投资}} \times 100\% = \frac{1\,315}{6258.91} \times 100\% = 21\%$$

$$\text{资本金利润率} = \frac{\text{年平均利润总额}}{\text{资本金}} \times 100\% = \frac{1\,315}{3\,000} \times 100\% = 43.83\%$$

所以,当行业基准收益率为 15%,行业基准投资回收期为 8 年时,该项目净现值大于零,内部收益率大于行业基准收益率,静态投资回收期小于行业基准投资回收期,动态投资回收期比行业基准投资回收期长,但小于项目的计算期,从以上指标计算结果可以看出,该项目从全部投资角度看盈利能力已满足了行业最低要求,在财务上是可以接受的。动态投资回收期较长,表明投入的资金回收速度慢,但也是在计算期内收回,该指标仅作为参考指标,不作为项目决策的依据。

由于该项目的投资利润率大于行业平均利润率,表明项目单位投资盈利能力达到了行业平均水平。

b. 项目自有资金现金流量见表 6.17,若行业基准收益率为 15%,行业基准投资回收期为 8 年,行业平均利润率为 20%,根据表 6.17 中数据可得出

当 $i=20\%$ 时,FNPV(20%)=12.7(万元)

当 $i=22\%$ 时,FNPV(22%)=−290.8(万元)

根据插值公式,得出内部收益率为

$$\text{IRR} = 20\% + (22\%-20\%) \times \frac{12.7}{12.7+290.8} = 20.1\%$$

$$\text{静态投资回收期} = 6 + \frac{345.4}{1\,489.5} = 6.2(\text{年})$$

$$\text{动态投资回收期} = 11 + \frac{241}{253.7} = 11.9(\text{年})$$

项目的净现值 FNPV(15%)=1 039(万元)>0

所以,当行业基准收益率为 15%,行业基准投资回收期为 8 年时,该项目净现值大于零,内部收益率大于行业基准收益率,静态投资回收期小于行业基准投资回收期,动态投资回收期比行业基准投资回收期长,但小于项目的计算期,从以上指标计算结果可以看出,该项目从全部投资角度看盈利能力已满足了行业最低要求,在财务上是可以接受的。动态投资回收期较长,表明投入的资金回收速度慢,但也是在计算期内收回,该指标仅作为参考指标,不作为项目决策的依据。

通过以上盈利能力分析,表明该项目在财务上是可以接受的。

第6章 投资项目的可行性研究

表6.16 全投资现金流量表

单位:万元

序号	项目	建设期 1	建设期 2	投产期 3	投产期 4	达产期 5	达产期 6	达产期 7	达产期 8	达产期 9	达产期 10	达产期 11	达产期 12
	生产负荷/%			80	100	100	100	100	100	100	100	100	100
1	现金流入			3 200	4 000	4 000	4 000	4 000	4 000	4 000	4 000	4 000	4 771.9
1.1	销售收入			3 200	4 000	4 000	4 000	4 000	4 000	4 000	4 000	4 000	4 000
1.2	回收固定资产余值												219.5
1.3	回收流动资金												552.4
2	现金流出	2 200	3 300	2 384.9	2 509.6	2 468.2	2 477.4	2 477.4	2 477.4	2 477.4	2 477.4	2 477.4	2 477.4
2.1	建设投资	2 200	3 300										
2.2	流动资金			469.9	82.5								
2.3	经营成本			1 503	1 773	1 773	1 773	1 773	1 773	1 773	1 773	1 773	1 773
2.4	销售税金及附加			192	240	240	240	240	240	240	240	240	240
2.5	所得税			220	414.1	455.2	464.4	464.4	464.4	464.4	464.4	464.4	464.4
3	净现金流量(1-2)	-2 200	-3 300	815.1	1 490.4	1 531.8	1 522.6	1 522.6	1 522.6	1 522.6	1 522.6	1 522.6	2 294.5
4	累计净现金流量	-2 200	-5 500	-4 684.9	-3 194.5	-1 662.7	-140.1	1 382.5	2 905.1	4 427.7	5 950.3	7 472.9	9 767.4
5	净现金流量现值(i=15%)	-2 200	-2 869.7	535.9	852.2	761.6	658.2	572.4	497.7	432.9	376.4	327.2	284.6
6	累计净现金流量现值	-2 200	-5 069.7	-4 533.8	-3 681.6	-2 920	-2 261.8	-1 689.4	-1 191.7	-758.8	-382.4	-55.2	229.4
7	净现金流量现值(i=18%)	-2 200	-2 796.8	496.1	768.8	669.6	564	478	405	343.4	291	246.5	314.8
8	累计净现金流量现值	-2 200	-4 996.8	-4 500.7	-3 731.9	-3 062.3	-2 498.3	-2 020.3	-1 615.3	-1 271.9	-980.9	-734.4	-419.6

当 i=15%时,FNPV(15%)=229.4(万元)
当 i=18%时,FNPV(18%)=-419.6(万元)
根据插值公式,得出内部收益率=15%+(18%-15%)×229.4/(229.4+419.6)=16.06%
静态投资回收期=6+140.1/1522.6=6.1(年)
动态投资回收期=11+55.2/284.6=11.2(年)

表 6.17 自有资金现金流量表

单位:万元

序号	项目	建设期		投产期			达产期						
		1	2	3	4	5	6	7	8	9	10	11	12
	生产负荷/%			80	100	100	100	100	100	100	100	100	100
1	现金流入			3 200	4 000	4 000	4 000	4 000	4 000	4 000	4 000	4 000	4 771.9
1.1	销售收入			3 200	4 000	4 000	4 000	4 000	4 000	4 000	4 000	4 000	4 000
1.2	回收固定资产余值												219.5
1.3	回收流动资金												552.4
2	现金流出	1 200	1 800	3 200	4 000	2 834.9	2 510.5	2 510.5	2 510.5	2 510.5	2 510.5	2 510.5	2 510.5
2.1	自有资金	1 200	1 800										
2.2	借款本金偿还			1 013.3	1 387.4	305.9							
2.3	借款利息支付			271.8	185.5	60.8							
2.4	经营成本			1 503	1 773	1 773	1 773	1 773	1 773	1 773	1 773	1 773	1 773
2.5	销售税金及附加			192	240	240	240	240	240	240	240	240	240
2.6	所得税			220	414.1	455.2	464.4	464.4	464.4	464.4	464.4	464.4	464.4
3	净现金流量(1−2)	−1 200	−1 800	0	0	1 165.1	1 489.5	1 489.5	1 489.5	1 489.5	1 489.5	1 489.5	2 261.4
4	累计净现金流量	−1 200	−3 000	−3 000	−3 000	−1 834.9	−345.4	1 144.1	2 633.6	4 123.1	5 612.6	7 102.1	9 363.5
5	净现金流量现值($i=20\%$)	−1 200	−1 500	0	0	468.2	498.8	415.7	346.5	288.7	240.6	200.5	253.7
6	累计净现金流量现值	−1 200	−2 700	−2 700	−2 700	−2 231.8	−1 733	−1 317.3	−970.8	−682.1	−441.5	−241	12.7
7	净现金流量现值($i=22\%$)	−1 200	−1 475.5	0	0	431.1	451.8	370.3	303.6	248.8	203.9	167.1	208.1
8	累计净现金流量现值	−2 675.5	−2 675.5	−2 675.5	−2 675.5	−2 244.4	−1 792.6	−1 422.3	−1 118.7	−869.9	−666	−498.9	−290.8

当 $i=20\%$ 时,FNPV(20%)=12.7(万元)
当 $i=22\%$ 时,FNPV(22%)=−290.8(万元)
内部收益率=20%+(22%−20%)×12.7/(12.7+290.8)=20.1%

本章小结

可行性研究是专门为决定某一特定项目是否可行，而在实施前对该项目进行调查研究及全面的技术经济分析论证，为项目决策提供科学依据的一种科学分析方法。可行性研究工作可分为机会研究、初步可行性研究和详细可行性研究三个阶段。由于对基础资料的占有程度、研究深度及可行性程度等要求不同，可行性研究各阶段的工作任务、投资成本估算精度、工作时间与费用也各不相同。

可行性研究的重要内容之一是项目的经济效果评价。经济效果评价主要包括企业财务评价和国民经济评价两个方面。

财务评价，就是从企业角度，根据国家现行价格和经济、财政、金融制度的规定，分析测算拟建项目直接发生的财务效益和费用，编制财务报表，计算评价指标，考察项目的获利能力、贷款清偿能力，来判别拟建项目的财务可行性。

财务评价主要分析项目的盈利能力、清偿能力和不确定性分析。

国民经济评价是在合理配置社会资源的前提下，从国家经济整体利益的角度出发，计算项目对国民经济的贡献，分析项目的经济效率、效果和对社会的影响，评价项目在宏观经济上的合理性。

建设项目经济评价内容的选择，应根据项目性质、项目目标、项目投资者、项目财务主体以及项目对经济与社会的影响程度等具体情况确定。对于费用效益计算比较简单、建设期和运营期比较短、不涉及进出口平衡等一般项目，如果财务评价的结论能够满足投资决策需要，可不进行国民经济评价；对于关系公共利益、国家安全和市场不能有效配置资源的经济和社会发展的项目，除应进行财务评价外，还应进行国民经济评价；对于特别重大的建设项目，尚应辅以区域经济与宏观经济影响分析方法进行国民经济评价。

本章思维导图

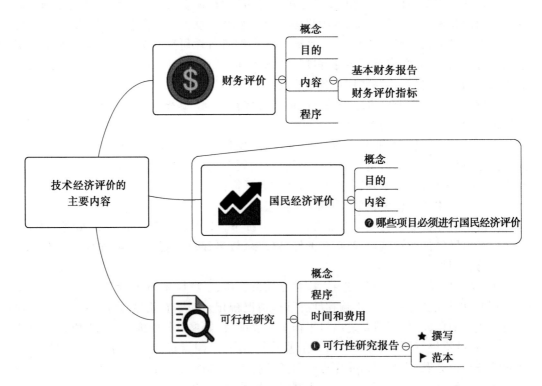

本章习题

1. 可行性研究的概念和作用是什么？
2. 可行性研究的主要内容有哪些？
3. 简述财务评价与国民经济评价的联系与区别。
4. 可行性研究的第一个阶段是（　　）。
   A. 初步可行性研究　　B. 机会研究　　C. 详细可行性研究　　D. 项目评估
5. 财务评价中，以下（　　）是动态指标。
   A. 投资利润率　　B. 借款偿还期　　C. 速动比率　　D. 内部收益率
6. 某项目的基本资料如下：

(1) 建设期2年，生产期8年，营业税以销售收入的5%计，所得税税率33%，基准折现率12%。

(2) 投资估算及资金来源：建筑工程费600万元，设备费2 400万元，综合折旧率12%，固定资产残值为固定资产投资的4%，无形资产及开办费500万元（第一年投入），生产期内均匀摊入成本费用。资金投入计划及收益、成本预测见表6.17。

表 6.17 资金投入计划及收益、成本预测表

序号	项目	年份				
		1	2	3	4	5～10
1	建设投资/万元					
1.1	自有/万元	1 200	300			
1.2	借款/万元		2 000			
2	流动资金/万元					
2.1	自有/万元			180	180	
2.2	借款/万元			300	300	
3	年产销量/万件			60	90	120
4	经营成本/万元			1 682	2 360	3 230

产品价格 40 元/件；建设投资、流动资金按年初发生额计算；销售收入、经营成本、税金按年末发生额计算。

(3)还款方式。建设投资借款利率 10%，借款当年和还款当年计全年利息，投产后(即第 3 年至第 10 年)按等额本金法偿还，建设期利息用自有资金偿还。流动资金借款利率 8%，每年付息，借款当年和还款当年均计全年利息，项目期末还本。

要求：

(1)作借款还本付息表。

(2)作成本表。

(3)作损益表。

(4)作全投资现金流量表，计算投资回收期(静态和动态)、净现值和内部收益率。

(5)分别就产品价格、经营成本、建设投资在±20%范围内，对项目全投资净现值进行敏感性分析。

附录　复利系数表

复利系数表($i=2\%$)

年份 n	一次支付终值系数 $(F/P,i,n)$	一次支付现值系数 $(P/F,i,n)$	等额分付终值系数 $(F/A,i,n)$	偿债基金系数 $(A/F,i,n)$	等额分付现值系数 $(P/A,i,n)$	资金回收系数 $(A/P,i,n)$
1	1.020	0.980 4	1.000	1.000 0	0.980	1.020 0
2	1.040	0.961 2	2.020	0.495 0	1.942	0.515 0
3	1.061	0.942 3	3.060	0.326 8	2.884	0.346 8
4	1.082	0.923 8	4.122	0.242 6	3.808	0.262 6
5	1.104	0.905 7	5.204	0.192 2	4.713	0.212 2
6	1.126	0.888 0	6.308	0.158 5	5.601	0.178 5
7	1.149	0.870 6	7.434	0.134 5	6.472	0.154 5
8	1.172	0.853 5	8.583	0.116 5	7.325	0.136 5
9	1.195	0.836 8	9.755	0.102 5	8.162	0.122 5
10	1.219	0.820 3	10.950	0.091 3	8.983	0.111 3
11	1.243	0.804 3	12.169	0.082 2	9.787	0.102 2
12	1.268	0.788 5	13.412	0.074 6	10.575	0.094 6
13	1.294	0.773 0	14.680	0.068 1	11.348	0.088 1
14	1.319	0.757 9	15.974	0.062 6	12.106	0.082 6
15	1.346	0.743 0	17.293	0.057 8	12.849	0.077 8
16	1.373	0.728 4	18.639	0.053 7	13.578	0.073 7
17	1.400	0.714 2	20.012	0.050 0	14.292	0.070 0
18	1.428	0.700 2	21.412	0.046 7	14.992	0.066 7
19	1.457	0.686 4	22.841	0.043 8	15.678	0.063 8
20	1.486	0.673 0	24.297	0.041 2	16.351	0.061 2
21	1.516	0.659 8	25.783	0.038 8	17.011	0.058 8
22	1.546	0.646 8	27.299	0.036 6	17.658	0.056 6
23	1.577	0.634 2	28.845	0.034 7	18.292	0.054 7
24	1.608	0.621 7	30.422	0.032 9	18.914	0.052 9
25	1.641	0.609 5	32.030	0.031 2	19.523	0.051 2

续表

年份	一次支付终值系数	一次支付现值系数	等额分付终值系数	偿债基金系数	等额分付现值系数	资金回收系数
26	1.673	0.597 6	33.671	0.029 7	20.121	0.049 7
27	1.707	0.585 9	35.344	0.028 3	20.707	0.048 3
28	1.741	0.574 4	37.051	0.027 0	21.281	0.047 0
29	1.776	0.563 1	38.792	0.025 8	21.844	0.045 8
30	1.811	0.552 1	40.568	0.024 6	22.396	0.044 6

复利系数表($i=3\%$)

年份 n	一次支付终值系数 $(F/P,i,n)$	一次支付现值系数 $(P/F,i,n)$	等额分付终值系数 $(F/A,i,n)$	偿债基金系数 $(A/F,i,n)$	等额分付现值系数 $(P/A,i,n)$	资金回收系数 $(A/P,i,n)$
1	1.030	0.970 9	1.000	1.000 0	0.971	1.030 0
2	1.061	0.942 6	2.030	0.492 6	1.913	0.522 6
3	1.093	0.915 1	3.091	0.323 5	2.829	0.353 5
4	1.126	0.888 5	4.184	0.239 0	3.717	0.269 0
5	1.159	0.862 6	5.309	0.188 4	4.580	0.218 4
6	1.194	0.837 5	6.468	0.154 6	5.417	0.184 6
7	1.230	0.813 1	7.662	0.130 5	6.230	0.160 5
8	1.267	0.789 4	8.892	0.112 5	7.020	0.142 5
9	1.305	0.766 4	10.159	0.098 4	7.786	0.128 4
10	1.344	0.744 1	11.464	0.087 2	8.530	0.117 2
11	1.384	0.722 4	12.808	0.078 1	9.253	0.108 1
12	1.426	0.701 4	14.192	0.070 5	9.954	0.100 5
13	1.469	0.681 0	15.618	0.064 0	10.635	0.094 0
14	1.513	0.661 1	17.086	0.058 5	11.296	0.088 5
15	1.558	0.641 9	18.599	0.053 8	11.938	0.083 8
16	1.605	0.623 2	20.157	0.049 6	12.561	0.079 6
17	1.653	0.605 0	21.762	0.046 0	13.166	0.076 0
18	1.702	0.587 4	23.414	0.042 7	13.754	0.072 7
19	1.754	0.570 3	25.117	0.039 8	14.324	0.069 8
20	1.806	0.553 7	26.870	0.037 2	14.877	0.067 2
21	1.860	0.537 5	28.676	0.034 9	15.415	0.064 9

续表

年份	一次支付终值系数	一次支付现值系数	等额分付终值系数	偿债基金系数	等额分付现值系数	资金回收系数
22	1.916	0.521 9	30.537	0.032 7	15.937	0.062 7
23	1.974	0.506 7	32.453	0.030 8	16.444	0.060 8
24	2.033	0.491 9	34.426	0.029 0	16.936	0.059 0
25	2.094	0.477 6	36.459	0.027 4	17.413	0.057 4
26	2.157	0.463 7	38.553	0.025 9	17.877	0.055 9
27	2.221	0.450 2	40.710	0.024 6	18.327	0.054 6
28	2.288	0.437 1	42.931	0.023 3	18.764	0.053 3
29	2.357	0.424 3	45.219	0.022 1	19.188	0.052 1
30	2.427	0.412 0	47.575	0.021 0	19.600	0.051 0

复利系数表($i=4\%$)

年份 n	一次支付终值系数 $(F/P,i,n)$	一次支付现值系数 $(P/F,i,n)$	等额分付终值系数 $(F/A,i,n)$	偿债基金系数 $(A/F,i,n)$	等额分付现值系数 $(P/A,i,n)$	资金回收系数 $(A/P,i,n)$
1	1.040	0.961 5	1.000	1.000 0	0.962	1.040 0
2	1.082	0.924 6	2.040	0.490 2	1.886	0.530 2
3	1.125	0.889 0	3.122	0.320 3	2.775	0.360 3
4	1.170	0.854 8	4.246	0.235 5	3.630	0.275 5
5	1.217	0.821 9	5.416	0.184 6	4.452	0.224 6
6	1.265	0.790 3	6.633	0.150 8	5.242	0.190 8
7	1.316	0.759 9	7.898	0.126 6	6.002	0.166 6
8	1.369	0.730 7	9.214	0.108 5	6.733	0.148 5
9	1.423	0.702 6	10.583	0.094 5	7.435	0.134 5
10	1.480	0.675 6	12.006	0.083 3	8.111	0.123 3
11	1.539	0.649 6	13.486	0.074 1	8.760	0.114 1
12	1.601	0.624 6	15.026	0.066 6	9.385	0.106 6
13	1.665	0.600 6	16.627	0.060 1	9.986	0.100 1
14	1.732	0.577 5	18.292	0.054 7	10.563	0.094 7
15	1.801	0.555 3	20.024	0.049 9	11.118	0.089 9
16	1.873	0.533 9	21.825	0.045 8	11.652	0.085 8
17	1.948	0.513 4	23.698	0.042 2	12.166	0.082 2

续表

年份	一次支付终值系数	一次支付现值系数	等额分付终值系数	偿债基金系数	等额分付现值系数	资金回收系数
18	2.026	0.493 6	25.645	0.039 0	12.659	0.079 0
19	2.107	0.474 6	27.671	0.036 1	13.134	0.076 1
20	2.191	0.456 4	29.778	0.033 6	13.590	0.073 6
21	2.279	0.438 8	31.969	0.031 3	14.029	0.071 3
22	2.370	0.422 0	34.248	0.029 2	14.451	0.069 2
23	2.465	0.405 7	36.618	0.027 3	14.857	0.067 3
24	2.563	0.390 1	39.083	0.025 6	15.247	0.065 6
25	2.666	0.375 1	41.646	0.024 0	15.622	0.064 0
26	2.772	0.360 7	44.312	0.022 6	15.983	0.062 6
27	2.883	0.346 8	47.084	0.021 2	16.330	0.061 2
28	2.999	0.333 5	49.968	0.020 0	16.663	0.060 0
29	3.119	0.320 7	52.966	0.018 9	16.984	0.058 9
30	3.243	0.308 3	56.085	0.017 8	17.292	0.057 8

复利系数表($i=5\%$)

年份 n	一次支付终值系数 $(F/P,i,n)$	一次支付现值系数 $(P/F,i,n)$	等额分付终值系数 $(F/A,i,n)$	偿债基金系数 $(A/F,i,n)$	等额分付现值系数 $(P/A,i,n)$	资金回收系数 $(A/P,i,n)$
1	1.050	0.952 4	1.000	1.000 0	0.952	1.050 0
2	1.103	0.907 0	2.050	0.487 8	1.859	0.537 8
3	1.158	0.863 8	3.153	0.317 2	2.723	0.367 2
4	1.216	0.822 7	4.310	0.232 0	3.546	0.282 0
5	1.276	0.783 5	5.526	0.181 0	4.329	0.231 0
6	1.340	0.746 2	6.802	0.147 0	5.076	0.197 0
7	1.407	0.710 7	8.142	0.122 8	5.786	0.172 8
8	1.477	0.676 8	9.549	0.104 7	6.463	0.154 7
9	1.551	0.644 6	11.027	0.090 7	7.108	0.140 7
10	1.629	0.613 9	12.578	0.079 5	7.722	0.129 5
11	1.710	0.584 7	14.207	0.070 4	8.306	0.120 4
12	1.796	0.556 8	15.917	0.062 8	8.863	0.112 8
13	1.886	0.530 3	17.713	0.056 5	9.394	0.106 5

续表

年份	一次支付终值系数	一次支付现值系数	等额分付终值系数	偿债基金系数	等额分付现值系数	资金回收系数
14	1.980	0.505 1	19.599	0.051 0	9.899	0.101 0
15	2.079	0.481 0	21.579	0.046 3	10.380	0.096 3
16	2.183	0.458 1	23.657	0.042 3	10.838	0.092 3
17	2.292	0.436 3	25.840	0.038 7	11.274	0.088 7
18	2.407	0.415 5	28.132	0.035 5	11.690	0.085 5
19	2.527	0.395 7	30.539	0.032 7	12.085	0.082 7
20	2.653	0.376 9	33.066	0.030 2	12.462	0.080 2
21	2.786	0.358 9	35.719	0.028 0	12.821	0.078 0
22	2.925	0.341 8	38.505	0.026 0	13.163	0.076 0
23	3.072	0.325 6	41.430	0.024 1	13.489	0.074 1
24	3.225	0.310 1	44.502	0.022 5	13.799	0.072 5
25	3.386	0.295 3	47.727	0.021 0	14.094	0.071 0
26	3.556	0.281 2	51.113	0.019 6	14.375	0.069 6
27	3.733	0.267 8	54.669	0.018 3	14.643	0.068 3
28	3.920	0.255 1	58.403	0.017 1	14.898	0.067 1
29	4.116	0.242 9	62.323	0.016 0	15.141	0.066 0
30	4.322	0.231 4	66.439	0.015 1	15.372	0.065 1

复利系数表($i=6\%$)

年份 n	一次支付终值系数 $(F/P,i,n)$	一次支付现值系数 $(P/F,i,n)$	等额分付终值系数 $(F/A,i,n)$	偿债基金系数 $(A/F,i,n)$	等额分付现值系数 $(P/A,i,n)$	资金回收系数 $(A/P,i,n)$
1	1.060	0.943 4	1.000	1.000 0	0.943	1.060 0
2	1.124	0.890 0	2.060	0.485 4	1.833	0.545 4
3	1.191	0.839 6	3.184	0.314 1	2.673	0.374 1
4	1.262	0.792 1	4.375	0.228 6	3.465	0.288 6
5	1.338	0.747 3	5.637	0.177 4	4.212	0.237 4
6	1.419	0.705 0	6.975	0.143 4	4.917	0.203 4
7	1.504	0.665 1	8.394	0.119 1	5.582	0.179 1
8	1.594	0.627 4	9.897	0.101 0	6.210	0.161 0
9	1.689	0.591 9	11.491	0.087 0	6.802	0.147 0

续表

年份	一次支付终值系数	一次支付现值系数	等额分付终值系数	偿债基金系数	等额分付现值系数	资金回收系数
10	1.791	0.558 4	13.181	0.075 9	7.360	0.135 9
11	1.898	0.526 8	14.972	0.066 8	7.887	0.126 8
12	2.012	0.497 0	16.870	0.059 3	8.384	0.119 3
13	2.133	0.468 8	18.882	0.053 0	8.853	0.113 0
14	2.261	0.442 3	21.015	0.047 6	9.295	0.107 6
15	2.397	0.417 3	23.276	0.043 0	9.712	0.103 0
16	2.540	0.393 6	25.673	0.039 0	10.106	0.099 0
17	2.693	0.371 4	28.213	0.035 4	10.477	0.095 4
18	2.854	0.350 3	30.906	0.032 4	10.828	0.092 4
19	3.026	0.330 5	33.760	0.029 6	11.158	0.089 6
20	3.207	0.311 8	36.786	0.027 2	11.470	0.087 2
21	3.400	0.294 2	39.993	0.025 0	11.764	0.085 0
22	3.604	0.277 5	43.392	0.023 0	12.042	0.083 0
23	3.820	0.261 8	46.996	0.021 3	12.303	0.081 3
24	4.049	0.247 0	50.816	0.019 7	12.550	0.079 7
25	4.292	0.233 0	54.865	0.018 2	12.783	0.078 2
26	4.549	0.219 8	59.156	0.016 9	13.003	0.076 9
27	4.822	0.207 4	63.706	0.015 7	13.211	0.075 7
28	5.112	0.195 6	68.528	0.014 6	13.406	0.074 6
29	5.418	0.184 6	73.640	0.013 6	13.591	0.073 6
30	5.743	0.174 1	79.058	0.012 6	13.765	0.072 6

复利系数表($i=7\%$)

年份 n	一次支付终值系数 $(F/P,i,n)$	一次支付现值系数 $(P/F,i,n)$	等额分付终值系数 $(F/A,i,n)$	偿债基金系数 $(A/F,i,n)$	等额分付现值系数 $(P/A,i,n)$	资金回收系数 $(A/P,i,n)$
1	1.070	0.934 6	1.000	1.000 0	0.935	1.070 0
2	1.145	0.873 4	2.070	0.483 1	1.808	0.553 1
3	1.225	0.816 3	3.215	0.311 1	2.624	0.381 1
4	1.311	0.762 9	4.440	0.225 2	3.387	0.295 2
5	1.403	0.713 0	5.751	0.173 9	4.100	0.243 9

续表

年份	一次支付终值系数	一次支付现值系数	等额分付终值系数	偿债基金系数	等额分付现值系数	资金回收系数
6	1.501	0.666 3	7.153	0.139 8	4.767	0.209 8
7	1.606	0.622 7	8.654	0.115 6	5.389	0.185 6
8	1.718	0.582 0	10.260	0.097 5	5.971	0.167 5
9	1.838	0.543 9	11.978	0.083 5	6.515	0.153 5
10	1.967	0.508 3	13.816	0.072 4	7.024	0.142 4
11	2.105	0.475 1	15.784	0.063 4	7.499	0.133 4
12	2.252	0.444 0	17.888	0.055 9	7.943	0.125 9
13	2.410	0.415 0	20.141	0.049 7	8.358	0.119 7
14	2.579	0.387 8	22.550	0.044 3	8.745	0.114 3
15	2.759	0.362 4	25.129	0.039 8	9.108	0.109 8
16	2.952	0.338 7	27.888	0.035 9	9.447	0.105 9
17	3.159	0.316 6	30.840	0.032 4	9.763	0.102 4
18	3.380	0.295 9	33.999	0.029 4	10.059	0.099 4
19	3.617	0.276 5	37.379	0.026 8	10.336	0.096 8
20	3.870	0.258 4	40.995	0.024 4	10.594	0.094 4
21	4.141	0.241 5	44.865	0.022 3	10.836	0.092 3
22	4.430	0.225 7	49.006	0.020 4	11.061	0.090 4
23	4.741	0.210 9	53.436	0.018 7	11.272	0.088 7
24	5.072	0.197 1	58.177	0.017 2	11.469	0.087 2
25	5.427	0.184 2	63.249	0.015 8	11.654	0.085 8
26	5.807	0.172 2	68.676	0.014 6	11.826	0.084 6
27	6.214	0.160 9	74.484	0.013 4	11.987	0.083 4
28	6.649	0.150 4	80.698	0.012 4	12.137	0.082 4
29	7.114	0.140 6	87.347	0.011 4	12.278	0.081 4
30	7.612	0.131 4	94.461	0.010 6	12.409	0.080 6

复利系数表(i=8%)

年份 n	一次支付终值系数 $(F/P,i,n)$	一次支付现值系数 $(P/F,i,n)$	等额分付终值系数 $(F/A,i,n)$	偿债基金系数 $(A/F,i,n)$	等额分付现值系数 $(P/A,i,n)$	资金回收系数 $(A/P,i,n)$
1	1.080	0.925 9	1.000	1.000 0	0.926	1.080 0
2	1.166	0.857 3	2.080	0.480 8	1.783	0.560 8
3	1.260	0.793 8	3.246	0.308 0	2.577	0.388 0
4	1.360	0.735 0	4.506	0.221 9	3.312	0.301 9
5	1.469	0.680 6	5.867	0.170 5	3.993	0.250 5
6	1.587	0.630 2	7.336	0.136 3	4.623	0.216 3
7	1.714	0.583 5	8.923	0.112 1	5.206	0.192 1
8	1.851	0.540 3	10.637	0.094 0	5.747	0.174 0
9	1.999	0.500 2	12.488	0.080 1	6.247	0.160 1
10	2.159	0.463 2	14.487	0.069 0	6.710	0.149 0
11	2.332	0.428 9	16.645	0.060 1	7.139	0.140 1
12	2.518	0.397 1	18.977	0.052 7	7.536	0.132 7
13	2.720	0.367 7	21.495	0.046 5	7.904	0.126 5
14	2.937	0.340 5	24.215	0.041 3	8.244	0.121 3
15	3.172	0.315 2	27.152	0.036 8	8.559	0.116 8
16	3.426	0.291 9	30.324	0.033 0	8.851	0.113 0
17	3.700	0.270 3	33.750	0.029 6	9.122	0.109 6
18	3.996	0.250 2	37.450	0.026 7	9.372	0.106 7
19	4.316	0.231 7	41.446	0.024 1	9.604	0.104 1
20	4.661	0.214 5	45.762	0.021 9	9.818	0.101 9
21	5.034	0.198 7	50.423	0.019 8	10.017	0.099 8
22	5.437	0.183 9	55.457	0.018 0	10.201	0.098 0
23	5.871	0.170 3	60.893	0.016 4	10.371	0.096 4
24	6.341	0.157 7	66.765	0.015 0	10.529	0.095 0
25	6.848	0.146 0	73.106	0.013 7	10.675	0.093 7
26	7.396	0.135 2	79.954	0.012 5	10.810	0.092 5
27	7.988	0.125 2	87.351	0.011 4	10.935	0.091 4
28	8.627	0.115 9	95.339	0.010 5	11.051	0.090 5
29	9.317	0.107 3	103.966	0.009 6	11.158	0.089 6
30	10.063	0.099 4	113.283	0.008 8	11.258	0.088 8

复利系数表($i=9\%$)

年份 n	一次支付终值系数 $(F/P,i,n)$	一次支付现值系数 $(P/F,i,n)$	等额分付终值系数 $(F/A,i,n)$	偿债基金系数 $(A/F,i,n)$	等额分付现值系数 $(P/A,i,n)$	资金回收系数 $(A/P,i,n)$
1	1.090	0.917 4	1.000	1.000 0	0.917	1.090 0
2	1.188	0.841 7	2.090	0.478 5	1.759	0.568 5
3	1.295	0.772 2	3.278	0.305 1	2.531	0.395 1
4	1.412	0.708 4	4.573	0.218 7	3.240	0.308 7
5	1.539	0.649 9	5.985	0.167 1	3.890	0.257 1
6	1.677	0.596 3	7.523	0.132 9	4.486	0.222 9
7	1.828	0.547 0	9.200	0.108 7	5.033	0.198 7
8	1.993	0.501 9	11.028	0.090 7	5.535	0.180 7
9	2.172	0.460 4	13.021	0.076 8	5.995	0.166 8
10	2.367	0.422 4	15.193	0.065 8	6.418	0.155 8
11	2.580	0.387 5	17.560	0.056 9	6.805	0.146 9
12	2.813	0.355 5	20.141	0.049 7	7.161	0.139 7
13	3.066	0.326 2	22.953	0.043 6	7.487	0.133 6
14	3.342	0.299 2	26.019	0.038 4	7.786	0.128 4
15	3.642	0.274 5	29.361	0.034 1	8.061	0.124 1
16	3.970	0.251 9	33.003	0.030 3	8.313	0.120 3
17	4.328	0.231 1	36.974	0.027 0	8.544	0.117 0
18	4.717	0.212 0	41.301	0.024 2	8.756	0.114 2
19	5.142	0.194 5	46.018	0.021 7	8.950	0.111 7
20	5.604	0.178 4	51.160	0.019 5	9.129	0.109 5
21	6.109	0.163 7	56.765	0.017 6	9.292	0.107 6
22	6.659	0.150 2	62.873	0.015 9	9.442	0.105 9
23	7.258	0.137 8	69.532	0.014 4	9.580	0.104 4
24	7.911	0.126 4	76.790	0.013 0	9.707	0.103 0
25	8.623	0.116 0	84.701	0.011 8	9.823	0.101 8
26	9.399	0.106 4	93.324	0.010 7	9.929	0.100 7
27	10.245	0.097 6	102.723	0.009 7	10.027	0.099 7
28	11.167	0.089 5	112.968	0.008 9	10.116	0.098 9
29	12.172	0.082 2	124.135	0.008 1	10.198	0.098 1
30	13.268	0.075 4	136.308	0.007 3	10.274	0.097 3

附录 复利系数表

复利系数表($i=10\%$)

年份 n	一次支付终值系数 $(F/P,i,n)$	一次支付现值系数 $(P/F,i,n)$	等额分付终值系数 $(F/A,i,n)$	偿债基金系数 $(A/F,i,n)$	等额分付现值系数 $(P/A,i,n)$	资金回收系数 $(A/P,i,n)$
1	1.100	0.909 1	1.000	1.000 0	0.909	1.100 0
2	1.210	0.826 4	2.100	0.476 2	1.736	0.576 2
3	1.331	0.751 3	3.310	0.302 1	2.487	0.402 1
4	1.464	0.683 0	4.641	0.215 5	3.170	0.315 5
5	1.611	0.620 9	6.105	0.163 8	3.791	0.263 8
6	1.772	0.564 5	7.716	0.129 6	4.355	0.229 6
7	1.949	0.513 2	9.487	0.105 4	4.868	0.205 4
8	2.144	0.466 5	11.436	0.087 4	5.335	0.187 4
9	2.358	0.424 1	13.579	0.073 6	5.759	0.173 6
10	2.594	0.385 5	15.937	0.062 7	6.145	0.162 7
11	2.853	0.350 5	18.531	0.054 0	6.495	0.154 0
12	3.138	0.318 6	21.384	0.046 8	6.814	0.146 8
13	3.452	0.289 7	24.523	0.040 8	7.103	0.140 8
14	3.797	0.263 3	27.975	0.035 7	7.367	0.135 7
15	4.177	0.239 4	31.772	0.031 5	7.606	0.131 5
16	4.595	0.217 6	35.950	0.027 8	7.824	0.127 8
17	5.054	0.197 8	40.545	0.024 7	8.022	0.124 7
18	5.560	0.179 9	45.599	0.021 9	8.201	0.121 9
19	6.116	0.163 5	51.159	0.019 5	8.365	0.119 5
20	6.727	0.148 6	57.275	0.017 5	8.514	0.117 5
21	7.400	0.135 1	64.002	0.015 6	8.649	0.115 6
22	8.140	0.122 8	71.403	0.014 0	8.772	0.114 0
23	8.954	0.111 7	79.543	0.012 6	8.883	0.112 6
24	9.850	0.101 5	88.497	0.011 3	8.985	0.111 3
25	10.835	0.092 3	98.347	0.010 2	9.077	0.110 2
26	11.918	0.083 9	109.182	0.009 2	9.161	0.109 2
27	13.110	0.076 3	121.100	0.008 3	9.237	0.108 3
28	14.421	0.069 3	134.210	0.007 5	9.307	0.107 5
29	15.863	0.063 0	148.631	0.006 7	9.370	0.106 7
30	17.449	0.057 3	164.494	0.006 1	9.427	0.106 1

复利系数表($i=11\%$)

年份 n	一次支付终值系数 $(F/P,i,n)$	一次支付现值系数 $(P/F,i,n)$	等额分付终值系数 $(F/A,i,n)$	偿债基金系数 $(A/F,i,n)$	等额分付现值系数 $(P/A,i,n)$	资金回收系数 $(A/P,i,n)$
1	1.110	0.900 9	1.000	1.000 0	0.901	1.110 0
2	1.232	0.811 6	2.110	0.473 9	1.713	0.583 9
3	1.368	0.731 2	3.342	0.299 2	2.444	0.409 2
4	1.518	0.658 7	4.710	0.212 3	3.102	0.322 3
5	1.685	0.593 5	6.228	0.160 6	3.696	0.270 6
6	1.870	0.534 6	7.913	0.126 4	4.231	0.236 4
7	2.076	0.481 7	9.783	0.102 2	4.712	0.212 2
8	2.305	0.433 9	11.859	0.084 3	5.146	0.194 3
9	2.558	0.390 9	14.164	0.070 6	5.537	0.180 6
10	2.839	0.352 2	16.722	0.059 8	5.889	0.169 8
11	3.152	0.317 3	19.561	0.051 1	6.207	0.161 1
12	3.498	0.285 8	22.713	0.044 0	6.492	0.154 0
13	3.883	0.257 5	26.212	0.038 2	6.750	0.148 2
14	4.310	0.232 0	30.095	0.033 2	6.982	0.143 2
15	4.785	0.209 0	34.405	0.029 1	7.191	0.139 1
16	5.311	0.188 3	39.190	0.025 5	7.379	0.135 5
17	5.895	0.169 6	44.501	0.022 5	7.549	0.132 5
18	6.544	0.152 8	50.396	0.019 8	7.702	0.129 8
19	7.263	0.137 7	56.939	0.017 6	7.839	0.127 6
20	8.062	0.124 0	64.203	0.015 6	7.963	0.125 6
21	8.949	0.111 7	72.265	0.013 8	8.075	0.123 8
22	9.934	0.100 7	81.214	0.012 3	8.176	0.122 3
23	11.026	0.090 7	91.148	0.011 0	8.266	0.121 0
24	12.239	0.081 7	102.174	0.009 8	8.348	0.119 8
25	13.585	0.073 6	114.413	0.008 7	8.422	0.118 7
26	15.080	0.066 3	127.999	0.007 8	8.488	0.117 8
27	16.739	0.059 7	143.079	0.007 0	8.548	0.117 0
28	18.580	0.053 8	159.817	0.006 3	8.602	0.116 3
29	20.624	0.048 5	178.397	0.005 6	8.650	0.115 6
30	22.892	0.043 7	199.021	0.005 0	8.694	0.115 0

附录 复利系数表

复利系数表($i=12\%$)

年份 n	一次支付/终值系数 $(F/P,i,n)$	一次支付现值系数 $(P/F,i,n)$	等额分付终值系数 $(F/A,i,n)$	偿债基金系数 $(A/F,i,n)$	等额分付现值系数 $(P/A,i,n)$	资金回收系数 $(A/P,i,n)$
1	1.120	0.8929	1.000	1.0000	0.893	1.1200
2	1.254	0.7972	2.120	0.4717	1.690	0.5917
3	1.405	0.7118	3.374	0.2963	2.402	0.4163
4	1.574	0.6355	4.779	0.2092	3.037	0.3292
5	1.762	0.5674	6.353	0.1574	3.605	0.2774
6	1.974	0.5066	8.115	0.1232	4.111	0.2432
7	2.211	0.4523	10.089	0.0991	4.564	0.2191
8	2.476	0.4039	12.300	0.0813	4.968	0.2013
9	2.773	0.3606	14.776	0.0677	5.328	0.1877
10	3.106	0.3220	17.549	0.0570	5.650	0.1770
11	3.479	0.2875	20.655	0.0484	5.938	0.1684
12	3.896	0.2567	24.133	0.0414	6.194	0.1614
13	4.363	0.2292	28.029	0.0357	6.424	0.1557
14	4.887	0.2046	32.393	0.0309	6.628	0.1509
15	5.474	0.1827	37.280	0.0268	6.811	0.1468
16	6.130	0.1631	42.753	0.0234	6.974	0.1434
17	6.866	0.1456	48.884	0.0205	7.120	0.1405
18	7.690	0.1300	55.750	0.0179	7.250	0.1379
19	8.613	0.1161	63.440	0.0158	7.366	0.1358
20	9.646	0.1037	72.052	0.0139	7.469	0.1339
21	10.804	0.0926	81.699	0.0122	7.562	0.1322
22	12.100	0.0826	92.503	0.0108	7.645	0.1308
23	13.552	0.0738	104.603	0.0096	7.718	0.1296
24	15.179	0.0659	118.155	0.0085	7.784	0.1285
25	17.000	0.0588	133.334	0.0075	7.843	0.1275
26	19.040	0.0525	150.334	0.0067	7.896	0.1267
27	21.325	0.0469	169.374	0.0059	7.943	0.1259
28	23.884	0.0419	190.699	0.0052	7.984	0.1252
29	26.750	0.0374	214.583	0.0047	8.022	0.1247
30	29.960	0.0334	241.333	0.0041	8.055	0.1241

复利系数表($i=13\%$)

年份 n	一次支付终值系数 $(F/P,i,n)$	一次支付现值系数 $(P/F,i,n)$	等额分付终值系数 $(F/A,i,n)$	偿债基金系数 $(A/F,i,n)$	等额分付现值系数 $(P/A,i,n)$	资金回收系数 $(A/P,i,n)$
1	1.130	0.885 0	1.000	1.000 0	0.885	1.130 0
2	1.277	0.783 1	2.130	0.469 5	1.668	0.599 5
3	1.443	0.693 1	3.407	0.293 5	2.361	0.423 5
4	1.630	0.613 3	4.850	0.206 2	2.974	0.336 2
5	1.842	0.542 8	6.480	0.154 3	3.517	0.284 3
6	2.082	0.480 3	8.323	0.120 2	3.998	0.250 2
7	2.353	0.425 1	10.405	0.096 1	4.423	0.226 1
8	2.658	0.376 2	12.757	0.078 4	4.799	0.208 4
9	3.004	0.332 9	15.416	0.064 9	5.132	0.194 9
10	3.395	0.294 6	18.420	0.054 3	5.426	0.184 3
11	3.836	0.260 7	21.814	0.045 8	5.687	0.175 8
12	4.335	0.230 7	25.650	0.039 0	5.918	0.169 0
13	4.898	0.204 2	29.985	0.033 4	6.122	0.163 4
14	5.535	0.180 7	34.883	0.028 7	6.302	0.158 7
15	6.254	0.159 9	40.417	0.024 7	6.462	0.154 7
16	7.067	0.141 5	46.672	0.021 4	6.604	0.151 4
17	7.986	0.125 2	53.739	0.018 6	6.729	0.148 6
18	9.024	0.110 8	61.725	0.016 2	6.840	0.146 2
19	10.197	0.098 1	70.749	0.014 1	6.938	0.144 1
20	11.523	0.086 8	80.947	0.012 4	7.025	0.142 4
21	13.021	0.076 8	92.470	0.010 8	7.102	0.140 8
22	14.714	0.068 0	105.491	0.009 5	7.170	0.139 5
23	16.627	0.060 1	120.205	0.008 3	7.230	0.138 3
24	18.788	0.053 2	136.831	0.007 3	7.283	0.137 3
25	21.231	0.047 1	155.620	0.006 4	7.330	0.136 4
26	23.991	0.041 7	176.850	0.005 7	7.372	0.135 7
27	27.109	0.036 9	200.841	0.005 0	7.409	0.135 0
28	30.633	0.032 6	227.950	0.004 4	7.441	0.134 4
29	34.616	0.028 9	258.583	0.003 9	7.470	0.133 9
30	39.116	0.025 6	293.199	0.003 4	7.496	0.133 4

附录　复利系数表

复利系数表($i=14\%$)

年份 n	一次支付终值系数 $(F/P,i,n)$	一次支付现值系数 $(P/F,i,n)$	等额分付终值系数 $(F/A,i,n)$	偿债基金系数 $(A/F,i,n)$	等额分付现值系数 $(P/A,i,n)$	资金回收系数 $(A/P,i,n)$
1	1.140	0.877 2	1.000	1.000 0	0.877	1.140 0
2	1.300	0.769 5	2.140	0.467 3	1.647	0.607 3
3	1.482	0.675 0	3.440	0.290 7	2.322	0.430 7
4	1.689	0.592 1	4.921	0.203 2	2.914	0.343 2
5	1.925	0.519 4	6.610	0.151 3	3.433	0.291 3
6	2.195	0.455 6	8.536	0.117 2	3.889	0.257 2
7	2.502	0.399 6	10.730	0.093 2	4.288	0.233 2
8	2.853	0.350 6	13.233	0.075 6	4.639	0.215 6
9	3.252	0.307 5	16.085	0.062 2	4.946	0.202 2
10	3.707	0.269 7	19.337	0.051 7	5.216	0.191 7
11	4.226	0.236 6	23.045	0.043 4	5.453	0.183 4
12	4.818	0.207 6	27.271	0.036 7	5.660	0.176 7
13	5.492	0.182 1	32.089	0.031 2	5.842	0.171 2
14	6.261	0.159 7	37.581	0.026 6	6.002	0.166 6
15	7.138	0.140 1	43.842	0.022 8	6.142	0.162 8
16	8.137	0.122 9	50.980	0.019 6	6.265	0.159 6
17	9.276	0.107 8	59.118	0.016 9	6.373	0.156 9
18	10.575	0.094 6	68.394	0.014 6	6.467	0.154 6
19	12.056	0.082 9	78.969	0.012 7	6.550	0.152 7
20	13.743	0.072 8	91.025	0.011 0	6.623	0.151 0
21	15.668	0.063 8	104.768	0.009 5	6.687	0.149 5
22	17.861	0.056 0	120.436	0.008 3	6.743	0.148 3
23	20.362	0.049 1	138.297	0.007 2	6.792	0.147 2
24	23.212	0.043 1	158.659	0.006 3	6.835	0.146 3
25	26.462	0.037 8	181.871	0.005 5	6.873	0.145 5
26	30.167	0.033 1	208.333	0.004 8	6.906	0.144 8
27	34.390	0.029 1	238.499	0.004 2	6.935	0.144 2
28	39.204	0.025 5	272.889	0.003 7	6.961	0.143 7
29	44.693	0.022 4	312.094	0.003 2	6.983	0.143 2
30	50.950	0.019 6	356.787	0.002 8	7.003	0.142 8

复利系数表($i=15\%$)

年份 n	一次支付终值系数 $(F/P,i,n)$	一次支付现值系数 $(P/F,i,n)$	等额分付终值系数 $(F/A,i,n)$	偿债基金系数 $(A/F,i,n)$	等额分付现值系数 $(P/A,i,n)$	资金回收系数 $(A/P,i,n)$
1	1.150	0.869 6	1.000	1.000 0	0.870	1.150 0
2	1.323	0.756 1	2.150	0.465 1	1.626	0.615 1
3	1.521	0.657 5	3.473	0.288 0	2.283	0.438 0
4	1.749	0.571 8	4.993	0.200 3	2.855	0.350 3
5	2.011	0.497 2	6.742	0.148 3	3.352	0.298 3
6	2.313	0.432 3	8.754	0.114 2	3.784	0.264 2
7	2.660	0.375 9	11.067	0.090 4	4.160	0.240 4
8	3.059	0.326 9	13.727	0.072 9	4.487	0.222 9
9	3.518	0.284 3	16.786	0.059 6	4.772	0.209 6
10	4.046	0.247 2	20.304	0.049 3	5.019	0.199 3
11	4.652	0.214 9	24.349	0.041 1	5.234	0.191 1
12	5.350	0.186 9	29.002	0.034 5	5.421	0.184 5
13	6.153	0.162 5	34.352	0.029 1	5.583	0.179 1
14	7.076	0.141 3	40.505	0.024 7	5.724	0.174 7
15	8.137	0.122 9	47.580	0.021 0	5.847	0.171 0
16	9.358	0.106 9	55.717	0.017 9	5.954	0.167 9
17	10.761	0.092 9	65.075	0.015 4	6.047	0.165 4
18	12.375	0.080 8	75.836	0.013 2	6.128	0.163 2
19	14.232	0.070 3	88.212	0.011 3	6.198	0.161 3
20	16.367	0.061 1	102.444	0.009 8	6.259	0.159 8
21	18.822	0.053 1	118.810	0.008 4	6.312	0.158 4
22	21.645	0.046 2	137.632	0.007 3	6.359	0.157 3
23	24.891	0.040 2	159.276	0.006 3	6.399	0.156 3
24	28.625	0.034 9	184.168	0.005 4	6.434	0.155 4
25	32.919	0.030 4	212.793	0.004 7	6.464	0.154 7
26	37.857	0.026 4	245.712	0.004 1	6.491	0.154 1
27	43.535	0.023 0	283.569	0.003 5	6.514	0.153 5
28	50.066	0.020 0	327.104	0.003 1	6.534	0.153 1
29	57.575	0.017 4	377.170	0.002 7	6.551	0.152 7
30	66.212	0.015 1	434.745	0.002 3	6.566	0.152 3

复利系数表($i=16\%$)

年份 n	一次支付终值系数 $(F/P,i,n)$	一次支付现值系数 $(P/F,i,n)$	等额分付终值系数 $(F/A,i,n)$	偿债基金系数 $(A/F,i,n)$	等额分付现值系数 $(P/A,i,n)$	资金回收系数 $(A/P,i,n)$
1	1.160	0.862 1	1.000	1.000 0	0.862	1.160 0
2	1.346	0.743 2	2.160	0.463 0	1.605	0.623 0
3	1.561	0.640 7	3.506	0.285 3	2.246	0.445 3
4	1.811	0.552 3	5.066	0.197 4	2.798	0.357 4
5	2.100	0.476 1	6.877	0.145 4	3.274	0.305 4
6	2.436	0.410 4	8.977	0.111 4	3.685	0.271 4
7	2.826	0.353 8	11.414	0.087 6	4.039	0.247 6
8	3.278	0.305 0	14.240	0.070 2	4.344	0.230 2
9	3.803	0.263 0	17.519	0.057 1	4.607	0.217 1
10	4.411	0.226 7	21.321	0.046 9	4.833	0.206 9
11	5.117	0.195 4	25.733	0.038 9	5.029	0.198 9
12	5.936	0.168 5	30.850	0.032 4	5.197	0.192 4
13	6.886	0.145 2	36.786	0.027 2	5.342	0.187 2
14	7.988	0.125 2	43.672	0.022 9	5.468	0.182 9
15	9.266	0.107 9	51.660	0.019 4	5.575	0.179 4
16	10.748	0.093 0	60.925	0.016 4	5.668	0.176 4
17	12.468	0.080 2	71.673	0.014 0	5.749	0.174 0
18	14.463	0.069 1	84.141	0.011 9	5.818	0.171 9
19	16.777	0.059 6	98.603	0.010 1	5.877	0.170 1
20	19.461	0.051 4	115.380	0.008 7	5.929	0.168 7
21	22.574	0.044 3	134.841	0.007 4	5.973	0.167 4
22	26.186	0.038 2	157.415	0.006 4	6.011	0.166 4
23	30.376	0.032 9	183.601	0.005 4	6.044	0.165 4
24	35.236	0.028 4	213.978	0.004 7	6.073	0.164 7
25	40.874	0.024 5	249.214	0.004 0	6.097	0.164 0
26	47.414	0.021 1	290.088	0.003 4	6.118	0.163 4
27	55.000	0.018 2	337.502	0.003 0	6.136	0.163 0
28	63.800	0.015 7	392.503	0.002 5	6.152	0.162 5
29	74.009	0.013 5	456.303	0.002 2	6.166	0.162 2
30	85.850	0.011 6	530.312	0.001 9	6.177	0.161 9

复利系数表($i=17\%$)

年份 n	一次支付终值系数 $(F/P,i,n)$	一次支付现值系数 $(P/F,i,n)$	等额分付终值系数 $(F/A,i,n)$	偿债基金系数 $(A/F,i,n)$	等额分付现值系数 $(P/A,i,n)$	资金回收系数 $(A/P,i,n)$
1	1.170	0.8547	1.000	1.0000	0.855	1.1700
2	1.369	0.7305	2.170	0.4608	1.585	0.6308
3	1.602	0.6244	3.539	0.2826	2.210	0.4526
4	1.874	0.5337	5.141	0.1945	2.743	0.3645
5	2.192	0.4561	7.014	0.1426	3.199	0.3126
6	2.565	0.3898	9.207	0.1086	3.589	0.2786
7	3.001	0.3332	11.772	0.0849	3.922	0.2549
8	3.511	0.2848	14.773	0.0677	4.207	0.2377
9	4.108	0.2434	18.285	0.0547	4.451	0.2247
10	4.807	0.2080	22.393	0.0447	4.659	0.2147
11	5.624	0.1778	27.200	0.0368	4.836	0.2068
12	6.580	0.1520	32.824	0.0305	4.988	0.2005
13	7.699	0.1299	39.404	0.0254	5.118	0.1954
14	9.007	0.1110	47.103	0.0212	5.229	0.1912
15	10.539	0.0949	56.110	0.0178	5.324	0.1878
16	12.330	0.0811	66.649	0.0150	5.405	0.1850
17	14.426	0.0693	78.979	0.0127	5.475	0.1827
18	16.879	0.0592	93.406	0.0107	5.534	0.1807
19	19.748	0.0506	110.285	0.0091	5.584	0.1791
20	23.106	0.0433	130.033	0.0077	5.628	0.1777
21	27.034	0.0370	153.139	0.0065	5.665	0.1765
22	31.629	0.0316	180.172	0.0056	5.696	0.1756
23	37.006	0.0270	211.801	0.0047	5.723	0.1747
24	43.297	0.0231	248.808	0.0040	5.746	0.1740
25	50.658	0.0197	292.105	0.0034	5.766	0.1734
26	59.270	0.0169	342.763	0.0029	5.783	0.1729
27	69.345	0.0144	402.032	0.0025	5.798	0.1725
28	81.134	0.0123	471.378	0.0021	5.810	0.1721
29	94.927	0.0105	552.512	0.0018	5.820	0.1718
30	111.065	0.0090	647.439	0.0015	5.829	0.1715

复利系数表($i=18\%$)

年份 n	一次支付终值系数 $(F/P,i,n)$	一次支付现值系数 $(P/F,i,n)$	等额分付终值系数 $(F/A,i,n)$	偿债基金系数 $(A/F,i,n)$	等额分付现值系数 $(P/A,i,n)$	资金回收系数 $(A/P,i,n)$
1	1.180	0.847 5	1.000	1.000 0	0.847	1.180 0
2	1.392	0.718 2	2.180	0.458 7	1.566	0.638 7
3	1.643	0.608 6	3.572	0.279 9	2.174	0.459 9
4	1.939	0.515 8	5.215	0.191 7	2.690	0.371 7
5	2.288	0.437 1	7.154	0.139 8	3.127	0.319 8
6	2.700	0.370 4	9.442	0.105 9	3.498	0.285 9
7	3.185	0.313 9	12.142	0.082 4	3.812	0.262 4
8	3.759	0.266 0	15.327	0.065 2	4.078	0.245 2
9	4.435	0.225 5	19.086	0.052 4	4.303	0.232 4
10	5.234	0.191 1	23.521	0.042 5	4.494	0.222 5
11	6.176	0.161 9	28.755	0.034 8	4.656	0.214 8
12	7.288	0.137 2	34.931	0.028 6	4.793	0.208 6
13	8.599	0.116 3	42.219	0.023 7	4.910	0.203 7
14	10.147	0.098 5	50.818	0.019 7	5.008	0.199 7
15	11.974	0.083 5	60.965	0.016 4	5.092	0.196 4
16	14.129	0.070 8	72.939	0.013 7	5.162	0.193 7
17	16.672	0.060 0	87.068	0.011 5	5.222	0.191 5
18	19.673	0.050 8	103.740	0.009 6	5.273	0.189 6
19	23.214	0.043 1	123.414	0.008 1	5.316	0.188 1
20	27.393	0.036 5	146.628	0.006 8	5.353	0.186 8
21	32.324	0.030 9	174.021	0.005 7	5.384	0.185 7
22	38.142	0.026 2	206.345	0.004 8	5.410	0.184 8
23	45.008	0.022 2	244.487	0.004 1	5.432	0.184 1
24	53.109	0.018 8	289.494	0.003 5	5.451	0.183 5
25	62.669	0.016 0	342.603	0.002 9	5.467	0.182 9
26	73.949	0.013 5	405.272	0.002 5	5.480	0.182 5
27	87.260	0.011 5	479.221	0.002 1	5.492	0.182 1
28	102.967	0.009 7	566.481	0.001 8	5.502	0.181 8
29	121.501	0.008 2	669.447	0.001 5	5.510	0.181 5
30	143.371	0.007 0	790.948	0.001 3	5.517	0.181 3

复利系数表($i=19\%$)

年份 n	一次支付终值系数 $(F/P,i,n)$	一次支付现值系数 $(P/F,i,n)$	等额分付终值系数 $(F/A,i,n)$	偿债基金系数 $(A/F,i,n)$	等额分付现值系数 $(P/A,i,n)$	资金回收系数 $(A/P,i,n)$
1	1.190	0.840 3	1.000	1.000 0	0.840	1.190 0
2	1.416	0.706 2	2.190	0.456 6	1.547	0.646 6
3	1.685	0.593 4	3.606	0.277 3	2.140	0.467 3
4	2.005	0.498 7	5.291	0.189 0	2.639	0.379 0
5	2.386	0.419 0	7.297	0.137 1	3.058	0.327 1
6	2.840	0.352 1	9.683	0.103 3	3.410	0.293 3
7	3.379	0.295 9	12.523	0.079 9	3.706	0.269 9
8	4.021	0.248 7	15.902	0.062 9	3.954	0.252 9
9	4.785	0.209 0	19.923	0.050 2	4.163	0.240 2
10	5.695	0.175 6	24.709	0.040 5	4.339	0.230 5
11	6.777	0.147 6	30.404	0.032 9	4.486	0.222 9
12	8.064	0.124 0	37.180	0.026 9	4.611	0.216 9
13	9.596	0.104 2	45.244	0.022 1	4.715	0.212 1
14	11.420	0.087 6	54.841	0.018 2	4.802	0.208 2
15	13.590	0.073 6	66.261	0.015 1	4.876	0.205 1
16	16.172	0.061 8	79.850	0.012 5	4.938	0.202 5
17	19.244	0.052 0	96.022	0.010 4	4.990	0.200 4
18	22.901	0.043 7	115.266	0.008 7	5.033	0.198 7
19	27.252	0.036 7	138.166	0.007 2	5.070	0.197 2
20	32.429	0.030 8	165.418	0.006 0	5.101	0.196 0
21	38.591	0.025 9	197.847	0.005 1	5.127	0.195 1
22	45.923	0.021 8	236.438	0.004 2	5.149	0.194 2
23	54.649	0.018 3	282.362	0.003 5	5.167	0.193 5
24	65.032	0.015 4	337.010	0.003 0	5.182	0.193 0
25	77.388	0.012 9	402.042	0.002 5	5.195	0.192 5
26	92.092	0.010 9	479.431	0.002 1	5.206	0.192 1
27	109.589	0.009 1	571.522	0.001 7	5.215	0.191 7
28	130.411	0.007 7	681.112	0.001 5	5.223	0.191 5
29	155.189	0.006 4	811.523	0.001 2	5.229	0.191 2
30	184.675	0.005 4	966.712	0.001 0	5.235	0.191 0

复利系数表($i=20\%$)

年份 n	一次支付终值系数 $(F/P,i,n)$	一次支付现值系数 $(P/F,i,n)$	等额分付终值系数 $(F/A,i,n)$	偿债基金系数 $(A/F,i,n)$	等额分付现值系数 $(P/A,i,n)$	资金回收系数 $(A/P,i,n)$
1	1.200	0.833 3	1.000	1.000 0	0.833	1.200 0
2	1.440	0.694 4	2.200	0.454 5	1.528	0.654 5
3	1.728	0.578 7	3.640	0.274 7	2.106	0.474 7
4	2.074	0.482 3	5.368	0.186 3	2.589	0.386 3
5	2.488	0.401 9	7.442	0.134 4	2.991	0.334 4
6	2.986	0.334 9	9.930	0.100 7	3.326	0.300 7
7	3.583	0.279 1	12.916	0.077 4	3.605	0.277 4
8	4.300	0.232 6	16.499	0.060 6	3.837	0.260 6
9	5.160	0.193 8	20.799	0.048 1	4.031	0.248 1
10	6.192	0.161 5	25.959	0.038 5	4.192	0.238 5
11	7.430	0.134 6	32.150	0.031 1	4.327	0.231 1
12	8.916	0.112 2	39.581	0.025 3	4.439	0.225 3
13	10.699	0.093 5	48.497	0.020 6	4.533	0.220 6
14	12.839	0.077 9	59.196	0.016 9	4.611	0.216 9
15	15.407	0.064 9	72.035	0.013 9	4.675	0.213 9
16	18.488	0.054 1	87.442	0.011 4	4.730	0.211 4
17	22.186	0.045 1	105.931	0.009 4	4.775	0.209 4
18	26.623	0.037 6	128.117	0.007 8	4.812	0.207 8
19	31.948	0.031 3	154.740	0.006 5	4.843	0.206 5
20	38.338	0.026 1	186.688	0.005 4	4.870	0.205 4
21	46.005	0.021 7	225.026	0.004 4	4.891	0.204 4
22	55.206	0.018 1	271.031	0.003 7	4.909	0.203 7
23	66.247	0.015 1	326.237	0.003 1	4.925	0.203 1
24	79.497	0.012 6	392.484	0.002 5	4.937	0.202 5
25	95.396	0.010 5	471.981	0.002 1	4.948	0.202 1
26	114.475	0.008 7	567.377	0.001 8	4.956	0.201 8
27	137.371	0.007 3	681.853	0.001 5	4.964	0.201 5
28	164.845	0.006 1	819.223	0.001 2	4.970	0.201 2
29	197.814	0.005 1	984.068	0.001 0	4.975	0.201 0
30	237.376	0.004 2	1 181.882	0.000 8	4.979	0.200 8

复利系数表($i=25\%$)

年份 n	一次支付终值系数 $(F/P,i,n)$	一次支付现值系数 $(P/F,i,n)$	等额分付终值系数 $(F/A,i,n)$	偿债基金系数 $(A/F,i,n)$	等额分付现值系数 $(P/A,i,n)$	资金回收系数 $(A/P,i,n)$
1	1.250	0.800 0	1.000	1.000 0	0.800	1.250 0
2	1.563	0.640 0	2.250	0.444 4	1.440	0.694 4
3	1.953	0.512 0	3.813	0.262 3	1.952	0.512 3
4	2.441	0.409 6	5.766	0.173 4	2.362	0.423 4
5	3.052	0.327 7	8.207	0.121 8	2.689	0.371 8
6	3.815	0.262 1	11.259	0.088 8	2.951	0.338 8
7	4.768	0.209 7	15.073	0.066 3	3.161	0.316 3
8	5.960	0.167 8	19.842	0.050 4	3.329	0.300 4
9	7.451	0.134 2	25.802	0.038 8	3.463	0.288 8
10	9.313	0.107 4	33.253	0.030 1	3.571	0.280 1
11	11.642	0.085 9	42.566	0.023 5	3.656	0.273 5
12	14.552	0.068 7	54.208	0.018 4	3.725	0.268 4
13	18.190	0.055 0	68.760	0.014 5	3.780	0.264 5
14	22.737	0.044 0	86.949	0.011 5	3.824	0.261 5
15	28.422	0.035 2	109.687	0.009 1	3.859	0.259 1
16	35.527	0.028 1	138.109	0.007 2	3.887	0.257 2
17	44.409	0.022 5	173.636	0.005 8	3.910	0.255 8
18	55.511	0.018 0	218.045	0.004 6	3.928	0.254 6
19	69.389	0.014 4	273.556	0.003 7	3.942	0.253 7
20	86.736	0.011 5	342.945	0.002 9	3.954	0.252 9
21	108.420	0.009 2	429.681	0.002 3	3.963	0.252 3
22	135.525	0.007 4	538.101	0.001 9	3.970	0.251 9
23	169.407	0.005 9	673.626	0.001 5	3.976	0.251 5
24	211.758	0.004 7	843.033	0.001 2	3.981	0.251 2
25	264.698	0.003 8	1 054.791	0.000 9	3.985	0.250 9
26	330.872	0.003 0	1 319.489	0.000 8	3.988	0.250 8
27	413.590	0.002 4	1 650.361	0.000 6	3.990	0.250 6
28	516.988	0.001 9	2 063.952	0.000 5	3.992	0.250 5
29	646.235	0.001 5	2 580.939	0.000 4	3.994	0.250 4
30	807.794	0.001 2	3 227.174	0.000 3	3.995	0.250 3

附录 复利系数表

复利系数表($i=30\%$)

年份 n	一次支付终值系数 $(F/P,i,n)$	一次支付现值系数 $(P/F,i,n)$	等额分付终值系数 $(F/A,i,n)$	偿债基金系数 $(A/F,i,n)$	等额分付现值系数 $(P/A,i,n)$	资金回收系数 $(A/P,i,n)$
1	1.300	0.769 2	1.000	1.000 0	0.769	1.300 0
2	1.690	0.591 7	2.300	0.434 8	1.361	0.734 8
3	2.197	0.455 2	3.990	0.250 6	1.816	0.550 6
4	2.856	0.350 1	6.187	0.161 6	2.166	0.461 6
5	3.713	0.269 3	9.043	0.110 6	2.436	0.410 6
6	4.827	0.207 2	12.756	0.078 4	2.643	0.378 4
7	6.275	0.159 4	17.583	0.056 9	2.802	0.356 9
8	8.157	0.122 6	23.858	0.041 9	2.925	0.341 9
9	10.604	0.094 3	32.015	0.031 2	3.019	0.331 2
10	13.786	0.072 5	42.619	0.023 5	3.092	0.323 5
11	17.922	0.055 8	56.405	0.017 7	3.147	0.317 7
12	23.298	0.042 9	74.327	0.013 5	3.190	0.313 5
13	30.288	0.033 0	97.625	0.010 2	3.223	0.310 2
14	39.374	0.025 4	127.913	0.007 8	3.249	0.307 8
15	51.186	0.019 5	167.286	0.006 0	3.268	0.306 0
16	66.542	0.015 0	218.472	0.004 6	3.283	0.304 6
17	86.504	0.011 6	285.014	0.003 5	3.295	0.303 5
18	112.455	0.008 9	371.518	0.002 7	3.304	0.302 7
19	146.192	0.006 8	483.973	0.002 1	3.311	0.302 1
20	190.050	0.005 3	630.165	0.001 6	3.316	0.301 6
21	247.065	0.004 0	820.215	0.001 2	3.320	0.301 2
22	321.184	0.003 1	1 067.280	0.000 9	3.323	0.300 9
23	417.539	0.002 4	1 388.464	0.000 7	3.325	0.300 7
24	542.801	0.001 8	1 806.003	0.000 6	3.327	0.300 6
25	705.641	0.001 4	2 348.803	0.000 4	3.329	0.300 4
26	917.333	0.001 1	3 054.444	0.000 3	3.330	0.300 3
27	1 192.533	0.000 8	3 971.778	0.000 3	3.331	0.300 3
28	1 550.293	0.000 6	5 164.311	0.000 2	3.331	0.300 2
29	2 015.381	0.000 5	6 714.604	0.000 1	3.332	0.300 1
30	2 619.996	0.000 4	8 729.985	0.000 1	3.332	0.300 1

复利系数表($i=35\%$)

年份 n	一次支付终值系数 $(F/P,i,n)$	一次支付现值系数 $(P/F,i,n)$	等额分付终值系数 $(F/A,i,n)$	偿债基金系数 $(A/F,i,n)$	等额分付现值系数 $(P/A,i,n)$	资金回收系数 $(A/P,i,n)$
1	1.350	0.740 7	1.000	1.000 0	0.741	1.350 0
2	1.823	0.548 7	2.350	0.425 5	1.289	0.775 5
3	2.460	0.406 4	4.173	0.239 7	1.696	0.589 7
4	3.322	0.301 1	6.633	0.150 8	1.997	0.500 8
5	4.484	0.223 0	9.954	0.100 5	2.220	0.450 5
6	6.053	0.165 2	14.438	0.069 3	2.385	0.419 3
7	8.172	0.122 4	20.492	0.048 8	2.508	0.398 8
8	11.032	0.090 6	28.664	0.034 9	2.598	0.384 9
9	14.894	0.067 1	39.696	0.025 2	2.665	0.375 2
10	20.107	0.049 7	54.590	0.018 3	2.715	0.368 3
11	27.144	0.036 8	74.697	0.013 4	2.752	0.363 4
12	36.644	0.027 3	101.841	0.009 8	2.779	0.359 8
13	49.470	0.020 2	138.485	0.007 2	2.799	0.357 2
14	66.784	0.015 0	187.954	0.005 3	2.814	0.355 3
15	90.158	0.011 1	254.738	0.003 9	2.825	0.353 9
16	121.714	0.008 2	344.897	0.002 9	2.834	0.352 9
17	164.314	0.006 1	466.611	0.002 1	2.840	0.352 1
18	221.824	0.004 5	630.925	0.001 6	2.844	0.351 6
19	299.462	0.003 3	852.748	0.001 2	2.848	0.351 2
20	404.274	0.002 5	1 152.210	0.000 9	2.850	0.350 9
21	545.769	0.001 8	1 556.484	0.000 6	2.852	0.350 6
22	736.789	0.001 4	2 102.253	0.000 5	2.853	0.350 5
23	994.665	0.001 0	2 839.042	0.000 4	2.854	0.350 4
24	1 342.797	0.000 7	3 833.706	0.000 3	2.855	0.350 3
25	1 812.776	0.000 6	5 176.504	0.000 2	2.856	0.350 2
26	2 447.248	0.000 4	6 989.280	0.000 1	2.856	0.350 1
27	3 303.785	0.000 3	9 436.528	0.000 1	2.856	0.350 1
28	4 460.109	0.000 2	12 740.313	0.000 1	2.857	0.350 1
29	6 021.148	0.000 2	17 200.422	0.000 1	2.857	0.350 1
30	8 128.550	0.000 1	23 221.570	0.000 0	2.857	0.350 0

复利系数表($i=40\%$)

年份 n	一次支付终值系数 $(F/P,i,n)$	一次支付现值系数 $(P/F,i,n)$	等额分付终值系数 $(F/A,i,n)$	偿债基金系数 $(A/F,i,n)$	等额分付现值系数 $(P/A,i,n)$	资金回收系数 $(A/P,i,n)$
1	1.400	0.714 3	1.000	1.000 0	0.714	1.400 0
2	1.960	0.510 2	2.400	0.416 7	1.224	0.816 7
3	2.744	0.364 4	4.360	0.229 4	1.589	0.629 4
4	3.842	0.260 3	7.104	0.140 8	1.849	0.540 8
5	5.378	0.185 9	10.946	0.091 4	2.035	0.491 4
6	7.530	0.132 8	16.324	0.061 3	2.168	0.461 3
7	10.541	0.094 9	23.853	0.041 9	2.263	0.441 9
8	14.758	0.067 8	34.395	0.029 1	2.331	0.429 1
9	20.661	0.048 4	49.153	0.020 3	2.379	0.420 3
10	28.925	0.034 6	69.814	0.014 3	2.414	0.414 3
11	40.496	0.024 7	98.739	0.010 1	2.438	0.410 1
12	56.694	0.017 6	139.235	0.007 2	2.456	0.407 2
13	79.371	0.012 6	195.929	0.005 1	2.469	0.405 1
14	111.120	0.009 0	275.300	0.003 6	2.478	0.403 6
15	155.568	0.006 4	386.420	0.002 6	2.484	0.402 6
16	217.795	0.004 6	541.988	0.001 8	2.489	0.401 8
17	304.913	0.003 3	759.784	0.001 3	2.492	0.401 3
18	426.879	0.002 3	1 064.697	0.000 9	2.494	0.400 9
19	597.630	0.001 7	1 491.576	0.000 7	2.496	0.400 7
20	836.683	0.001 2	2 089.206	0.000 5	2.497	0.400 5
21	1 171.356	0.000 9	2 925.889	0.000 3	2.498	0.400 3
22	1 639.898	0.000 6	4 097.245	0.000 2	2.498	0.400 2
23	2 295.857	0.000 4	5 737.142	0.000 2	2.499	0.400 2
24	3 214.200	0.000 3	8 032.999	0.000 1	2.499	0.400 1
25	4 499.880	0.000 2	11 247.199	0.000 1	2.499	0.400 1
26	6 299.831	0.000 2	15 747.079	0.000 1	2.500	0.400 1
27	8 819.764	0.000 1	22 046.910	0.000 0	2.500	0.400 0
28	12 347.670	0.000 1	30 866.674	0.000 0	2.500	0.400 0
29	17 286.737	0.000 1	43 214.343	0.000 0	2.500	0.400 0
30	24 201.432	0.000 0	60 501.081	0.000 0	2.500	0.400 0

参考文献

[1] 国家发展改革委,建设部.建设项目经济评价方法与参数[M].3版.北京:中国计划出版社,2006.

[2] 徐莉.技术经济学[M].2版.武汉:武汉大学出版社,2007.

[3] 黄金芳.建设工程经济[M].北京:中国建材工业出版社,2021.

[4] 徐寿波.技术经济学[M].北京:经济科学出版社,2012.

[5] 李南.工程经济学[M].2版.北京:科学出版社,2004.

[6] 李南.工程经济学学习指导与习题[M].北京:科学出版社,2005.

[7] 周惠珍.投资项目评估[M].5版.大连:东北财经大学出版社,2013.

[8] 王勇.投资项目可行性分析——理论精要与案例解析[M].3版.北京:电子工业出版,2017.

[9] 全国一级建造师执业资格考试历年真题编写委员会.建设工程经济历年真题[M].北京:中国建筑工业出版社,2020.